Heiner Lichtenstein
Warum Auschwitz nicht bombardiert wurde

Heiner Lichtenstein

Warum Auschwitz nicht bombardiert wurde

Mit einem Vorwort von Eugen Kogon

Bund-Verlag

CIP-Kurztitelaufnahme der Deutschen Bibliothek

Lichtenstein, Heiner:
Warum Auschwitz nicht bombardiert wurde : e. Dokumentation / Heiner
Lichtenstein. Mit e. Vorw. von Eugen Kogon. – Köln : Bund-Verlag, 1980.
   ISBN 3-7663-0428-3

© 1980 by Bund-Verlag GmbH, Köln
Lektorat: Gunther Heyder
Herstellung: Heinz Biermann
Umschlag: Design Granzer + Herbst, Köln
Druck: Georg Wagner, Nördlingen
ISBN 3-7663-0428-3
Printed in Germany 1980

Inhalt

Anhang

Gewidmet den Opfern des Holocaust

»Die freie und gerechte Welt schweigt und tut nichts.«
Letzte Meldung aus dem Warschauer Ghetto
vom 21. Mai 1943

Eugen Kogon

Notwendiges Vorwort

Zu den amoralischen Künsten der »Ehemaligen«, die den Untergang des NS-Systems seinerzeit überlebt und die Gesinnung von vormals beibehalten haben, zählt die Praxis der »Aufrechnung«: Unrecht dort soll Unrecht hier ausgleichen, dies zudem ohne Rücksicht auf das Ausmaß und die Art und Weise. Die Aufhellung des Unheils mit seinen mannigfachen Folgen würde so nach Möglichkeit, meinen sie, eingeschränkt oder sogar vereitelt.

Auf der anderen, der außerdeutschen Seite, wollten viele den Verfall in die Unmenschlichkeit von sich ganz und gar ausgeschlossen wissen, – die Deutschen allein galten ihnen als das Exempel der Barbarei.

Unser zeitlicher und intellektueller Abstand zu den Ereignissen jener Jahre ist jetzt groß genug, um die eine, die schlimmere, wie die andere, die oberflächlichere Verhaltensweise noch weniger als von Anfang an hinzunehmen. Wir sind imstande, die Ergebnisse der Zeitgeschichtsforschung klärend auf uns einwirken zu lassen. Sie kennt keine Bereiche mehr, deren Zusammenhänge sie nicht offenlegen dürfte.

Das Problem von Schuld und Mitschuld an der Vernichtung von annähernd sechs Millionen Männern, Frauen und Kindern verschiedener europäischer Nationalität, aber jüdischer Volkszugehörigkeit oder jüdischer Teilherkunft ist das moralisch bedrückendste Kapitel der NS-Jahre. Der Rassenwahn in seiner umfassendsten und fürchterlichsten Form ist da zutage getreten. In die vormals nicht ausdenkbare Untat verstrickten sich viele mit – nicht nur Deutsche, auch Niederländer, Belgier, Franzosen, Österreicher, Tschechen, Ungarn, Rumänen,

Polen, die Aufzählung ist nicht vollständig. Doch bleibt »Holocaust«, das über die Maßen grauenhafte Massenbrandopfer, das von Deutschland zu verantwortende Faktum.

Die Zusammenhänge sind indes vielfältig, und vielfältig läßt sich aus ihnen lernen, wie man den Gefahren der Verstrickung in Unmenschlichkeiten bis hin zur objektiven Mitschuld, die subjektiv nicht erkannt wird, trotz allem entgehen müßte. Ein Beispiel dafür bietet, in diesem Buch, die Geschichte des gescheiterten Versuchs, die zentrale Vernichtungsstätte Auschwitz durch alliierten Luftangriff von einem bestimmten Zeitpunkt an außer Betrieb zu setzen, das Barbarentum der SS dort zu unterbinden.

Warum Auschwitz *nicht* bombardiert wurde –, das Thema ist hier, aufgrund von Dokumenten, die zutage gekommen sind, vorerst nur aufgegriffen, noch ist es keineswegs geklärt. Um dies vor allem aus britischen und amerikanischen Archiven sowie durch weitere Unterredungen mit noch lebenden Tatzeugen zustande zu bringen, müßte wohl eine Forschergruppe gebildet werden wie die des Instituts für Zeitgeschichte in München und der Research Foundation for Jewish Immigration in New York, die soeben ein »Bibliographisches Handbuch der deutschsprachigen Emigration nach 1933« zustande gebracht haben. Auch da bestanden, was die Praxis der Aufnahme der Asylsuchenden in den verschiedenen Ländern, deren offizielle Politik gegen das Dritte Reich gerichtet war, betrifft, noch heute erhebliche Auskunftshemmungen. Der Leiter der Münchener Arbeitsgruppe, Werner Röder, hat sie in der »Frankfurter Rundschau« vom 10. Juli 1980 geschildert. Es gibt, so schreibt er, »für die damaligen Nachbarstaaten des Deutschen Reiches und für die damalige demokratische Welt wie für die Sowjetunion in diesem Zusammenhang dunkle Kapitel der Geschichte. Sie hätten die Möglichkeit gehabt – und rückschauend muß man natürlich auch sagen: die Verpflichtung –, mehr zu tun, um Hunderttausende Menschen durch eine liberalere Aufnahmepolitik vor Verfolgung und letztendlich vor der Vernichtung zu retten. Bei der späteren Verfolgung der emigrierten Juden nach der deutschen Besetzung Westeuropas kam es zum Teil gar zur Kollaboration zwischen einheimischen Behörden und den Nationalsozialisten, und da existieren durchaus noch Tabus. Man erinnere sich an die Auseinandersetzung, die vor kurzem in Frankreich stattfand bezüglich der Judenpolitik des Vichy-Regimes, und es gibt ähnliche Fälle etwa in Holland und der Schweiz. Die Schweiz steht dabei im Bereich der eigenen historischen Gewissenserforschung durchaus in vorderster Linie und hat viel zur Erhellung dieses trüben Kapitels beigetragen. In anderen Ländern wäre noch sehr viel mehr zu tun. Im Zusammenhang mit Tabus muß schließlich aber auch erwähnt werden, daß unsere Historiker-Kollegen in der DDR noch heute außerordentliche Schwierigkeiten haben, mit Dingen wie den Fraktionskämpfen der KPD im Exil oder den stalinistischen Säuberungen innerhalb der Parteiemigration fertig zu werden, – mit Fakten also, die lange Zeit in der kommunistischen Geschichtsschreibung gänzlich tabuisiert waren.«

Im vorliegenden Fall »Nichtbombardierung von Auschwitz« geht es um die Klarlegung der Motive, die in London und Washington die negativen Entscheidungen, wie sie hier offengelegt werden, verursacht haben. Handelte es sich tatsächlich um die Unmöglichkeit, militärisch einzugreifen (was von einigen der damals Maßgebenden behauptet wird), oder um bewußte Nichtbereitschaft, um partikuläre Rücksichtnahmen (des Britischen Auswärtigen Amtes etwa auf die Araber, als die Einwanderung von Juden nach Palästina verhindert wurde), um Uneinsichtigkeit, um Gleichgültigkeit, um beschränktes, eventuell starrsinnig-bürokratisches Beharren auf einmal erfolgter Ablehnung, was immer dann an Menschlichkeit auf dem Spiel stehen mochte?

Feststeht, daß eine Aktion gegen die SS in Auschwitz, gegen die Vergasungsanlagen und die Krematorien objektiv möglich gewesen wäre. Mehrere hunderttausend Opfer des nationalsozialistischen Mordterrors hätten dadurch nach menschlichem Ermessen eine Überlebenschance erhalten.

Klar wird in den Zusammenhängen, die das Buch darlegt, ferner, daß das Prinzip der Humanität, konsequent angewandt, zu Entscheidungen zwingt, die sie aus sekundären Nützlichkeitserwägungen, mögen sie jeweils noch so vordringlich erscheinen, zu befreien und sie zu ihrem wahren zivilisatorischen Rang zu erheben vermag. Selbst wenn die humane Bemühung scheitert, rettet sie den Sinn, um dessentwillen wir leben. Aus keinem anderen Grunde als dem der Menschlichkeit ist der Krieg gegen den Nazismus über die Interessennotwendigkeiten hinaus gerechtfertigt geführt worden.

Einleitung

»Die Verantwortung für dieses Verbrechen – die Ermordung der jüdischen Bevölkerung in Polen – lastet vor allem auf den Mördern selbst, sie fällt aber indirekt auf alle Menschen, auf die Alliierten und deren Regierungen, die keinen entschlossenen Schritt getan haben, dieses Verbrechen zu stoppen ... Meine Freunde im Ghetto von Warschau starben in einem letzten heldenhaften Kampf mit der Waffe in der Hand. Ich hatte nicht die Ehre, mit ihnen zu sterben, aber ich gehöre zu ihnen und in das gemeinsame Grab. Laßt meinen Tod einen energischen Protestschrei gegen die Gleichgültigkeit der Welt sein, die von der Ausrottung des jüdischen Volkes wußte, ohne etwas zu unternehmen, um dies zu verhindern.«[1]

Nachdem der Verbindungsmann zum polnischen Nationalrat in London, Szmul Zygielbojm, diese Zeilen geschrieben hatte, nahm er sich das Leben. Das war am 12. Mai 1943. Er folgte nicht nur den ungezählten Juden ins Grab, die im Ghetto oder später in den Gaskammern vor allem von Auschwitz ermordet wurden, er folgte auch seinen Kindern und seiner Frau. Die Nazis hatten sie im Herbst 1942 in der Nähe von Warschau erschossen.

Zygielbojm klagt die Alliierten des Zweiten Weltkriegs ebenso an wie dies die letzten Kämpfer im Ghetto von Warschau taten. Ich stelle die Frage, ob die USA, Großbritannien, die UdSSR die Mordfabriken in Auschwitz hätten vernichten können. Um die Antwort vorwegzunehmen: sie hätten es gekonnt. Den

---

1 Bernhard Wasserstein, »Britain and the Jews of Europe, 1939–1945, Institute of Jewish Affairs, London, Clarendon Press, Oxford 1979, S. 304 f.

Nachweis hoffe ich in dieser Veröffentlichung antreten zu können.

Daß sich damit nicht die Verantwortung für dieses »größte Verbrechen der Geschichte« verschiebt, wie der israelische Chefankläger im Prozeß gegen Adolf Eichmann, Gideon Hausner, seine Dokumentation »Die Vernichtung der Juden«[2] im Untertitel genannt hat, versteht sich von selbst. Den Beschluß, die Juden zu vernichten, haben die Nazis endgültig am 20. Januar 1942 auf der berüchtigten Wannsee-Konferenz in Berlin getroffen. Robert Kempner hat die Dokumente der Öffentlichkeit bereits 1961 vorgelegt[3].

Es stellt sich aber die Frage, ob die Alliierten in der Lage waren, die Gaskammern z. B. von Auschwitz-Birkenau durch Bomben zu zerstören und damit den Holocaust zumindest zu unterbrechen. Es muß geprüft werden, wann die USA, Großbritannien und die UdSSR von diesen Verbrechen erfahren haben, wann sie wußten, wo sich jene Mordlager befanden, ob es Versuche gegeben hat, die Alliierten zu Luftangriffen zu bewegen, warum schließlich der Befehl zum Angriff nicht gegeben wurde – warum die Hilferufe ungehört verhallten.

Ob und warum es so war, bedurfte dringend der Klärung. Um sie bei uns in die Wege zu leiten, entschloß ich mich, zu diesem Kapitel deutscher Zeitgeschichte einen Beitrag beizusteuern. Finanziell ermöglicht hat ihn der Westdeutsche Rundfunk (WDR) Köln.

Im Januar 1979 haben alle Dritten Programme der Arbeitsgemeinschaft der Rundfunkanstalten Deutschlands (ARD) die amerikanische Fernsehserie »Holocaust« gesendet. Federführend war der WDR, dessen Redakteur ich bin. Eugen Kogon hat in der Diskussion nach einer der vier Folgen gefragt, warum die Alliierten die Gaskammern von Auschwitz nicht bombardiert haben. Nach der Sendung hat mich die von Kogon angeschnittene Frage immer wieder beschäftigt. Schließlich habe ich ein Memorandum verfaßt und den zuständigen Redaktionen im WDR geschickt. Alle haben geantwortet:

2 Deutsche Übersetzung Kindler-Verlag, München 1979.
3 Robert M. W. Kempner, Eichmann und Komplizen, Europa-Verlag, Zürich/Stuttgart/Wien 1961.

Diese Frage ist wichtig, ihre Beantwortung noch mehr. Direkt unterstützt haben mich der Intendant, Friedrich Wilhelm Freiherr von Sell, Hörfunkdirektor Manfred Jenke, Walter Först, als Leiter der Landesredaktion mein direkter Vorgesetzter, und Ansgar Skriver, der mir eine volle Sendezeit seiner Serie »Kritische Chronik« freimachte, und zwar am 9. November 1979. In den USA wäre ich ohne die Hilfe von Wissenschaftlern und Opfern nicht zurechtgekommen. Die Türen zu ihnen hat mir Dr. Lawrence S. Leshnik geöffnet, der damals noch bei der Anti Defamation League in New York arbeitete. Allen danke ich und wiederhole die Feststellung: Der Holocaust, der Massenmord an Millionen jüdischer Babys, Frauen, Männer, Greise, bleibt deutsche Schuld.

Auschwitz und die Öffentlichkeit

Im Frühjahr 1979 meldeten deutsche Zeitungen: »Auschwitz im Luftbild – Die Amerikaner hatten schon 1944 exakte Aufnahmen der Todeslager«[4], »Alliierte hatten Fotos von Auschwitz vor Kriegsende – Auf Luftaufnahmen Gaskammern deutlich sichtbar«[5], »Fotos, aber keine Bomben. In den USA lebhafte Debatte um Auschwitz-Luftaufnahmen von 1944«[6], »Wir haben um die Bomben gebetet«[7], »US-Bomber erspähten KZ – Schon 1944 Fotos von Auschwitz«[8], »Fotos aber keine Bomben – In den USA lebhafte Debatte um Auschwitz-Luftaufnahmen von 1944«[9], »Bomben auf Auschwitz? Warum die Alliierten das Vernichtungslager verschonten«[10].
In den USA erregte diese Frage damals eine breite Öffentlichkeit. In der Bundesrepublik ging man, obwohl erst Tage zuvor zwischen dem 22. und 26. Januar 1979 an vier Abenden die Fernsehserie »Holocaust« gesendet worden war, darüber zur Tagesordnung über. In den USA hingegen übergab Präsident Jimmy Carter Abzüge der Aufnahmen an Prof. Elie Wiesel. Wiesel leitet eine Kommission, die nach in die USA geflohenen NS-Verbrechern fahndet, und arbeitet gleichzeitig in einer Holocaust-Kommission mit. Carters Begründung für die Über-

---

4 Süddeutsche Zeitung, 24. 2. 1979.
5 Rheinische Post, 24. 2. 1979.
6 Kölner Stadt-Anzeiger, 1. 3. 1979.
7 Stern, 15. 3. 1979.
8 Kölnische Rundschau, 25. 2. 1979.
9 Kölner Stadt-Anzeiger, 1. 3. 1979.
10 Die Zeit, 2. 3. 1979.

gabe an Wiesel: »Damit nichts vergessen wird und nie wieder geschieht, was geschah«[11].

Wenige Monate später, im Sommer 1979, erregte ein Buch in England Aufsehen: Bernhard Wasserstein »Britain and the Jews of Europe 1939–1945«[12]. Doch auch dieses fast 400 Seiten zählende spannend geschriebene Werk mit vielen Dokumenten regte in Deutschland kaum jemanden auf, obwohl in der Presse darauf in umfangreichen Besprechungen hingewiesen wurde. »Den Juden die Ausgänge Europas versperrt – Die Briten und der Holocaust«[13], »Blind und taub für die Hilferufe der Juden – Churchill's Instruktionen zur Rettung wurden ignoriert«[14], »Vorwürfe gegen Großbritannien – Londons Haltung gegenüber den Juden während des Zweiten Weltkriegs«[15]. Die Luftaufnahmen, die Präsident Carter Elie Wiesel zur Verfügung gestellt hat, stammten aus dem Archiv des amerikanischen Verteidigungsministeriums. Zwei CIA-Mitarbeiter, Robert Poirier und Dino Brugioni, Fachleute für die Auswertung von Fotos, hatten sich in Washington auf die Suche gemacht und waren »fündig« geworden. 35 Jahre lang hatten die Luftaufnahmen im Archiv geschlummert. Nun erst erreichten sie die Öffentlichkeit. Und sie bewiesen, welche präzise Kenntnis das amerikanische Kriegsministerium in Washington noch während des Krieges von der Mordfabrik Auschwitz besaß.

Die Öffentlichkeit hätte allerdings früher die Frage stellen können, warum die Gaskammern und Krematorien von Auschwitz nicht bombardiert worden sind. Bereits im Mai 1978 hat nämlich der amerikanische Historiker Prof. David Wyman in der international geachteten Zeitschrift »Commentary« einen Aufsatz zum Thema »Why Auschwitz Was Never Bombed« herausgebracht, eine Veröffentlichung des American Jewish Committee, New York. David Wyman lehrt an der Universität von Massachusetts (Amherst) amerikanische

---

11 Stern, 10. 3. 1979.
12 A. a. O.
13 FAZ, 4. 8. 1979.
14 Aachener Nachrichten, 31. 7. 1979.
15 Süddeutsche Zeitung, 2. 10. 1979.

Geschichte. Auf seinem Aufsatz sowie auf einem längeren Gespräch, das ich am 10. August 1979 in Boston mit ihm führen konnte, beruhen Teile dieser Arbeit. Wyman arbeitete damals an einer umfangreichen Dokumentation zur Frage »Why not?« und hat mir zahlreiche seiner Unterlagen zur Verfügung gestellt. Ich danke ihm dafür hier ausdrücklich.

Ein weiterer Aufsatz, der ebenfalls Antworten auf diese Frage suchte und gab, stammt von Roger M. Williams. Williams ist Senior Editor der Zeitschrift »Saturday Review«. Der Aufsatz erschien am 24. November 1978 in der Zeitschrift »Commonweal« und trug den Titel »An American Moral Tragedy – Why Wasn't Auschwitz Bombed?«. Nun, eine »Tragödie« war es für die USA oder England nicht, denn beide wußten, was die Nazis in Polen verbrachten, und zwar nicht nur in Auschwitz, sondern auch im Vernichtungslager Treblinka[16].

Ob auch die sowjetische Regierung über Informationen verfügte, kann zwar nicht nachgewiesen werden, man darf aber davon ausgehen. Immerhin lagen die Mordfabriken geographisch näher bei Moskau als bei London oder Washington. Außerdem konnte auch die sowjetische Luftflotte Aufklärungsflüge vornehmen. Diesem Thema ist ein eigenes Kapitel gewidmet.

In White Plaines am Rande von New York wohnt Charles Bachman, im Kriege Pilot der US-Air Force. Am 11. August 1979 habe ich ihn in seiner Wohnung besucht, um mit ihm über die Möglichkeit von Bombenangriffen auf Auschwitz zu sprechen. Eine seiner Antworten: »Man hätte Auschwitz 1941 ohne weiteres erreichen können.«[17]

1941 – das war die Zeit, als die Sowjetunion schwere militärische Niederlagen erlitt. Im Sommer 1944 hatte sich das Blatt gewendet, die deutschen Truppen waren an allen Fronten auf dem Rückzug. Am 21. Juni 1944 landeten amerikanische Bomber nach Angriffen auf Rüstungsbetriebe bei Auschwitz in der Sowjetunion, doch »nach deren kühlem Empfang wurde das Unternehmen nicht fortgesetzt«[18], wie es der britische

---

16 Wasserstein, a. a. O., S. 317.
17 WDR I, Kritische Chronik, 9. 11. 1979, 22.20–23.00 Uhr.
18 Wasserstein, a. a. O., S. 309.

Militärwissenschaftler Basel Henry Little Hart ausdrückte. Dies entsprach offenkundig einer neuen sowjetischen Strategie. Denn als sich wenige Wochen später, am 1. August 1944, die unterjochte Bevölkerung von Warschau gegen die Nazis erhob, verweigerte die sowjetische Regierung amerikanischen und britischen Flugzeugen mit Hilfsgütern die Landeerlaubnis auf ihrem Hoheitsgebiet[19]. Es handelt sich um ein düsteres Kapitel sowjetischer Geschichte, das noch nicht wissenschaftlich untersucht worden ist. Dies gilt übrigens auch für die Frage, warum die Rote Armee damals Warschau nicht befreit hat, obwohl ihre Truppen bereits an der Weichsel standen, also vor den Toren der polnischen Hauptstadt.

19 Ebenda, S. 316 f.

Das Vrba-Wetzler-Dokument

April 1944: In Auschwitz beginnen die Vorbereitungen für den größten Massenmord in dieser Todesfabrik: an den Juden aus Ungarn. In Auschwitz wissen die Häftlinge, was die Nazis planen.

7. April 1944: Den jungen slowakischen Juden Rudolf Vrba und Alfred Wetzler gelingt die Flucht aus Auschwitz-Birkenau. Ende April 1944 erreichen sie jüdische Untergrundkämpfer in der Slowakei und berichten von den Vorbereitungen in Auschwitz. Danach diktieren sie, was sie in Auschwitz erlebt und gesehen haben. Der Bericht wurde in ungarischer Sprache aufgenommen und vom Sekretär der ungarischen Untergrundbewegung, Dr. G. Soos, als Mikrofilm nach Italien gebracht. Eine Übersetzung ins Englische hatte der evangelische Geistliche Dr. Josef Elias besorgt, einer der Organisatoren des ungarischen Widerstandes. Das Dokument befindet sich im Besitz des National Archive in Washington[20] und ist archiviert unter »Secret C.J.D. X(2) L 8883«. Der Hinweis »Secret«, also »Geheim«, steht auf jeder der 45 Seiten sowie auf den Seiten I bis IV, einem Vorwort über die Herkunft des Dokuments sowie einer Gliederung des Inhalts. Der Bericht enthält drei Zeichnungen über Auschwitz. Sie ergänzen die detaillierte Beschreibung des Massenmordes, indem sie die Lage der Gaskammern und der Krematorien festhalten (siehe Anhang).

Die Flüchtlinge Alfred Wetzler und Rudolf Vrba haben Auschwitz zwei Jahre lang erlitten. Der eine ist am 13. April 1942, der andere am 27. Juni 1942 dorthin deportiert worden.

---

20 Siehe Anhang.

Sie beschreiben nicht nur die geographische Lage von Auschwitz, sondern auch die Tätigkeit der SS-Wachmannschaften, die Bewachung des Lagers und schließlich die Art, wie die Häftlinge im Gas erstickt wurden. Obwohl das gesamte Dokument im Anhang abgedruckt ist, wird hier ein Auszug wiedergegeben, der sich im Original auf Seite 21 befindet.

»Die Opfer werden zuerst in einen Warteraum geführt, wo ihnen gesagt wird, sie würden zum Baden gehen. Sie ziehen sich aus, und um ihre Illusionen zu verstärken, sie gingen tatsächlich zum Baden, verteilen zwei weiß gekleidete Posten an jeden ein Handtuch und ein Stück Seife. Dann werden sie in die Gaskammern geführt. Zweitausend Personen faßt eine solche Kammer, und alle müssen stehen. Die Posten schießen oft in die Kammer, um jene, die schon drin sind, zu zwingen, für andere Platz zu machen. Wenn alle im Raum sind, werden die Türen von außen geschlossen. Dann beginnt eine kurze Pause, wahrscheinlich, um die Temperatur drinnen auf eine bestimmte Höhe steigen zu lassen. Dann klettern SS-Männer mit Gasmasken auf das Dach, öffnen Schächte und schütten eine pulverähnliche Substanz in die Kammer. Die Büchsen mit dieser Substanz haben die Aufschrift ›Zyklon zur Schädlingsbekämpfung‹ und die Handelsmarke einer Hamburger Firma. Die Büchsen enthalten offensichtlich ein Zyanit-Präparat, das sich bei einer bestimmten Temperatur in Gas verwandelt. Jeder in der Kammer stirbt binnen drei Minuten. Bis jetzt hat noch nie jemand Lebenszeichen von sich gegeben, wenn die Kammer geöffnet wurde ... Die Kammer wird geöffnet, mit Ventilatoren entlüftet und Sonderkommandos (Häftlinge, d.V.) bringen die Körper auf flachen Wagen zu den Verbrennnungsöfen.«

Das Dokument enthält die geschätzte Zahl der zwischen April 1942 und April 1944 in Auschwitz-Birkenau ermordeten Juden, untergliedert nach den Ländern, aus denen sie kamen.

Polen (zu Fuß) ca. 300 000
Polen (mit Zügen) 600 000
Holland 100 000
Griechenland 45 000

Frankreich 150 000

Belgien 50 000

Deutschland 60 000

Jugoslawien, Italien, Norwegen 50 000

Litauen 50 000

Böhmen, Mähren, Österreich 30 000

Slowakei 30 000

verschiedene Lager ausländischer Juden in Polen 300 000

insgesamt 1 765 000.

Prof. David Wyman hat den abenteuerlichen, komplizierten, schier endlosen Weg dieses Dokuments bis zum Kriegsministerium in Washington verfolgt und in seinem erwähnten Aufsatz nachgezeichnet[21]:

7. April 1944 Flucht von Vrba und Wetzler. Ende April Ankunft in der Slowakei und Diktat. Anfang Mai Eintreffen des Dokuments bei den Leitern jüdischer Organisationen in Budapest. Etwa sechs Wochen brauchen slowakische Widerstandskämpfer, um das Dokument in die Schweiz zu schmuggeln. In der amerikanischen Gesandtschaft stellt man fest, daß der Bericht mit früheren Schilderungen über das Todeslager übereinstimmt. Im Juni wird der Inhalt des Papiers den Regierungen der westlichen Alliierten zur Kenntnis gebracht. In der Presse erscheinen schließlich Meldungen über den Holocaust in Auschwitz. Es waren freilich bei weitem nicht die ersten. Bernhard Wasserstein hat eine Karikatur gefunden, welche die Gleichgültigkeit der Alliierten gegenüber dem Schicksal der Juden anklagt. Die Karikatur erschien am 18. Juni 1943 im Evening Standard[22]. Ende Juni konnte die freie Welt wissen, was die Nazis in Auschwitz verbrachten, einschließlich der geographischen Lage der Mordfabrik.

21 Wyman, a. a. O., S. 37.
22 Wasserstein, a. a. O., S. 118.

HOW THE BEASTLY BUSINESS BEGINS

Ein Klatschweib zum anderen: »Es muß die Schuld der Juden selbst sein.« Eine Karikatur auf die Gleichgültigkeit der Welt gegenüber dem Holocaust im Sommer 1943.

Der ungarische Holocaust

Unterdessen war freilich auf diplomatischen Kanälen viel mehr geschehen, und dies aus einem schrecklichen aktuellen Anlaß. Die Todeszüge aus Ungarn in Richtung Auschwitz hatten zu rollen begonnen. Gideon Hausner, 1961 während des Eichmann-Prozesses in Jerusalem israelischer Generalstaatsanwalt, beschreibt jene Zeit ergreifend und belegt die Ereignisse mit den Aussagen eines Zeugen:

»Die großen Deportationen begannen Mitte Mai 1944. Eichmann, Wisliceny und Baky hielten zur Feier dieses Ereignisses ein kleines Gelage ab. Die Deportationen wurden mit atemberaubender Geschwindigkeit durchgeführt; zuweilen trafen fünf Züge mit vierzehntausend Menschen an einem einzigen Tag in Auschwitz ein. Gemäß dem ›Ratschlag‹ von Eichmanns Vertreter wurden hundert Menschen in einen Waggon geladen. ›Packt sie hinein wie die Heringe‹, lautete die Anweisung, die nach einer gemeinsamen deutsch-ungarischen Beratung in Munkács erlassen wurde. ›Es war eine Schreckensreise‹, sagte Zeer Sapir, ein Deportierter aus Munkács, aus: ›Wir hatten vor der Abfahrt etwas Wasser hergerichtet, aber die SS-Leute schütteten es aus . . . Es gab nicht einmal Platz zum Stehen. Am Abend . . . setzte sich der Zug in Bewegung. Wir wußten nicht, wohin der Zug fuhr. Beim Morgengrauen sahen wir, daß der Zug sich nach Osten bewegte . . . Wir wollten die Aufschriften auf den Bahnhöfen lesen; wir wußten jedoch, daß es verboten war, neugierig zu sein, weil der Posten, der über uns stand, die Waffe auf uns richten und schießen konnte . . . Frauen wurden ohnmächtig, aus der Ecke kamen Seufzer, Wasser, Wasser. Doch es gab eben keins . . . Nach drei Tagen kam der Zug auf einem Nebengeleise zum Stehen; wir wußten nicht, wo wir waren. Nachdem wir drei Stunden auf dem Nebengeleise gestanden hatten, da sahen wir Schornsteine und Feuer und nahmen einen seltsamen, schauerlichen Geruch wahr. Auf die Frage, woher denn dieser Geruch käme, sagte man uns, daß man hier ganz einfach Lumpen verbrenne. Aber nachher . . . zeigte einer der Häftlinge auf den Schornstein und sagte: ›Bald geht ihr da durch‹ . . . Wir waren in Auschwitz.«[23]

SS-Standartenführer Dr. Edmund Veesenmayer war einer der engsten Mitarbeiter Adolf Eichmanns. Am 10. Dezember 1943 wurde er nach Budapest geschickt, weil Hitler mit seinem Paladin in Ungarn, Miklos Horthy, unzufrieden war. In seinem Lagebericht stellte Veesenmayer fest: »Ein gründliches Anpacken der Judenfrage erscheint aus vielerlei Gründen ein Gebot der Stunde. Ihre Bereinigung ist die Voraussetzung für die Einschaltung Ungarns in den Abwehr- und Existenzkampf des Reiches.«[24]

Fünf Monate darauf, im Mai 1944, begann das »gründliche Anpacken«, weitere zwei Monate später, am 11. Juli 1944, zog Veesenmayer Bilanz: 437 402 ungarische Juden waren in dieser kurzen Zeit deportiert worden, alle ungarischen Juden mit Ausnahme jener, die in der Hauptstadt Budapest lebten. Dies waren etwa 400 000. Ihrer Deportation widersetzte sich Horthy, dies freilich nicht aus Mitleid oder Erbarmen. Das Ausland hatte Horthy gewarnt nachzugeben: Der König von Schweden, die Regierungen der Schweiz und der Türkei, der Papst, nicht jedoch jene Regierungen, die am genauesten wußten, welches Schicksal die Nazis den Juden in Auschwitz und anderswo bereiteten – eben die Regierungen in London und Washington.

Hausner räumt in seiner Arbeit beiläufig mit der abstrusen Behauptung deutscher und anderer sogenannter Experten auf, Hitler selbst habe vom Holocaust nichts gewußt. Sogar im Fall der ungarischen Juden schaltete sich Hitler persönlich ein. Als

---

23 Gideon Hausner, »Die Vernichtung der Juden – das größte Verbrechen der Geschichte«, Kindler-Verlag, München 1979, S. 190 f.
24 Ebenda.

Horthy die Deportation der Budapester Juden verweigerte, wies Hitler seinen Bevollmächtigten Veesenmayer an, der Regierung Horthy mitzuteilen[25], »der Führer erwartet, daß die Maßnahmen gegen die Budapester Juden jetzt ohne weitere Verzögerung in Gang gesetzt werden«. Das war Ende Juli 1944.

Zurück zum 12. Mai 1944, dem Beginn der Massendeportationen aus Ostungarn. Leitende Juden aus Budapest richteten damals einen flehenden Hilferuf an jüdische Untergrundkämpfer in Bratislava in der Slowakei mit der Bitte, ihn weiterzuleiten. Am 17. Mai kam der Hilferuf bei Isaac Sternbusch an. Sternbusch vertrat die orthodoxen amerikanischen Juden in der Schweiz. Inhalt des Hilferufs: Bitte, bombardiert die Eisenbahnknotenpunkte zwischen Ungarn und Polen, bitte, bombardiert Kosice und Presov sowie die einzige Bahnverbindung zwischen beiden Städten. Außerdem: Kosice ist auch als eine wichtige Bahnstation für Militärtransporte der Nazis und ihrer Verbündeten strategisch von Bedeutung.

Sternbusch leitete den Hilferuf unmittelbar weiter, und zwar an die Union Orthodoxer Rabbiner in New York. Außerdem unterbreitete er ihn dem Militärattaché bei der US-Gesandtschaft in Bern mit der Bitte, ihn über diplomatische Drähte an die Regierung in Washington weiterzugeben. David Wyman hat dies sowie die folgende Entwicklung minuziös nachgezeichnet[26].

Am 20. Mai 1944 bekam Sternbusch ein zweites, noch flehentlicheres Telegramm aus Bratislava, das er mit der gleichen Bitte dem US-Militärattaché übergab. Alle zwei, drei Tage, schreibt Wyman, kamen weitere Hilferufe. Doch Sternbusch erhielt keine Antwort, weder daß die Telegramme nach Washington weitergeschickt, noch daß sie aus irgendwelchen Gründen zurückgehalten worden seien. Die US-Gesandtschaft ließ ihn einfach hängen.

25 Ebenda, S. 194.
26 Wyman, a. a. O., S. 38 ff.

Angriffsziel Auschwitz?

Dieses Schweigen war um so unverständlicher, als zu jener Zeit amerikanische Luftstrategen bereits Bombenangriffe auf Auschwitz erörterten. Ihr Interesse galt freilich nicht dem Todeslager, sondern den Raffinerien in der Nähe von Auschwitz, wo synthetischer Treibstoff hergestellt wurde. Genannt werden muß hier vor allem die Raffinerie Blechhammer, knapp 100 Kilometer vom Stammlager Auschwitz entfernt. Ende April 1944 wurde der Chef der alliierten Luftwaffenverbände in Italien, General Ira C. Eaker, vom strategischen Bomberkommando der USA schriftlich gefragt, ob er Angriffe der 15. Luftflotte auf Blechhammer für möglich halte. Eakers Antwort datiert vom 8. Mai 1944: Nicht nur Angriffe auf Blechhammer seien möglich, er schlage vielmehr vor, gleichzeitig andere Rüstungswerke rund um Auschwitz, einschließlich des Werkes Oderthal, anzugreifen[27].
Ich habe Eaker am 9. August 1979 in seinem Büro in Washington besucht; Lawrence S. Leshnik half mir als Dolmetscher. Ergebnis des etwa einstündigen Gespräches: Er sei als Luftwaffengeneral gefragt worden, ob jene strategischen Ziele bombardiert werden könnten, ob das wegen der weiten Entfernung möglich sei. Er habe geantwortet: Ja. Von den Massenmorden in Auschwitz habe er erst nach dem Kriege erfahren.
Doch noch bevor Eaker gefragt worden war, hatten amerikanische Aufklärungsflugzeuge die Raffinerien, die Anlagen für

27 Ebenda, S. 42.

28

die Herstellung synthetischen Gummis sowie die Rüstungswerke aus der Luft fotografiert.

Im Auswertungsprotokoll heißt es in der Überschrift »Locality: Oswiecim (Auschwitz)«. Das Protokoll ist als »vertraulich« eingestuft. Es wurden 47 Kopien angefertigt, unter »1. Allgemeines« heißt es: »I) Diese Sammlung enthält erste Aufnahmen der neuen Werke bei Auschwitz. Die Werke liegen drei Kilometer östlich der Stadt . . .«

Die ersten Luftaufnahmen von Auschwitz und Umgebung, die ich besitze, stammen vom »4. April 1944«. Wer stutzig werden sollte, weil im Englischen in aller Regel zuerst der Monat und dann der Tag genannt wird, sollte die linke untere Ecke des Dokuments studieren. Dort findet sich der Hinweis »vergrößert vom Originalnegativ und untertitelt 1978 durch den CIA«, also den amerikanischen Geheimdienst. Dies bezieht sich auf Eintragungen wie »Haus des Kommandanten«, »Verwaltung«, »Gaskammer I«, »Gefängnis« und anderes. Diese Eintragungen stammen also nicht vom April 1944, sondern aus dem Jahre 1978. Doch darf, oder besser, muß heute gefragt werden, warum jene gestochen scharfen Luftaufnahmen nicht schon 1944 so genau analysiert worden sind. Eine der Antworten heißt: Die Fototechnik war seinerzeit noch nicht so weit entwickelt. Dem halte ich entgegen: Nach den detaillierten Schilderungen im Papier von Vrba und Wetzler sowie nach den zahlreichen Hilferufen hätte es den Aufklärungsexperten im Kriegsministerium in Washington oder beim CIA möglich sein müssen, zumindest annähernd exakt die Mordstätten auszumachen.

Ein weiteres Argument ist dieses: Immerhin sind die Raffinerien, Rüstungsbetriebe und Gummiwerke vom Sommer 1944 an viele Male mit Präzisionsangriffen überzogen worden. Der erste Angriff auf Blechhammer erfolgte am 7. Juli 1944. Nach der Sendung der amerikanischen Fernsehserie »Holocaust« Ende Januar 1979 erreichte den WDR die Zuschrift eines Mannes[28], der »von Juli 1943 bis Anfang 1945 im Werk Blechhammer der IG Farben, das ungefähr sechs Kilometer

28 Archiv des Verfassers.

östlich vom Lager Birkenau auf einem sehr großen Areal entstand, tätig« war. Es handelt sich um einen Deutschen, den es beschämt und belastet, »mit Schuld zu tragen, weil auch ich nicht den Mut fand, gegen die Barbaren aufzustehen«. In der Zuschrift heißt es u. a.: »An einem August-Sonntag 1944 erlebte das Werk Auschwitz den ersten Großangriff amerikanischer Bomber. Es folgten noch zwei weitere. Bei einem davon wurde, wie abgezirkelt, das Unterkunftsgebäude der SS im Lager Birkenau schwer getroffen.«

Bei jenem Angriff handelte es sich um den vom Sonntag, dem 20. August 1944. An diesem herrlichen Sommertag mit blauem Himmel und bester Sicht waren gegen Morgen 127 »fliegende Festungen« mit dem Ziel Auschwitz gestartet. Einhundert Flugzeuge vom Typ »Mustang« begleiteten sie als Jagdschutz. Die Bomber warfen etwa 700 000 Kilo hochexplosiver Bomben auf Rüstungswerke bei Auschwitz. In einem anderen Fall bombardierten sie »wie abgezirkelt« die Baracken der SS in Birkenau. Sie kannten sich also aus. Sie hatten immerhin vorzügliche Luftaufnahmen, sonst wären bei jenem Angriff, den der Verfasser des Briefes erlebt hat, nicht nur Unterkünfte der SS getroffen worden.

Damit ist der erste wichtige Beweis erbracht. Im US-Kriegsministerium oder beim Luftwaffenstab verfügte man über bis ins einzelne gehende Unterlagen, denn niemand wird wohl unterstellen wollen, bei dem Angriff auf jene SS-Baracken habe es sich um Zufallstreffer gehandelt. Das ist übrigens um so unwahrscheinlicher, als es im Vernichtungslager viel weniger SS- als Häftlingsbaracken gab.

Auf die Frage, wie präzise im Sommer 1944 die Ziele aus der Luft angegriffen und zerstört werden konnten, gehe ich später ein. Ein Kronzeuge wird dazu entscheidende Einzelheiten mitteilen.

Der Luftangriff vom 20. August 1944 war weder der erste noch der letzte. Der erste erfolgte, wie erwähnt, am 7. Juli 1944. Zwei Tage später bombardierten 261 »fliegende Festungen« und »Liberators« sowohl Blechhammer als auch Oderthal. Weitere Angriffe folgten. Am 21. August lag Blechhammer unter dem Teppich von 350 schweren US-Bombern, am

29. August folgte der nächste Angriff auf andere Industriewerke rund um Auschwitz. David Wyman hat nicht nur Berichte über diese Angriffe in amtlichen Dokumenten recherchiert, sondern auch Bilanzen über die Erfolge, die Verluste auf amerikanischer und deutscher Seite, die deutsche Abwehr durch Jäger und Flakgeschütze, das Wetter, und was sonst noch von Bedeutung war, studiert.

Da die Alliierten spätestens vom 1. April 1944 an den Luftraum über Europa beherrschten – die deutsche Luftwaffe war geschlagen –, wurden die angegriffenen Objekte regelmäßig tags darauf oder einige Tage später aus der Luft fotografiert. Dies gilt auch für Auschwitz. Abzüge solcher Aufnahmen liegen mir vor. Es handelt sich um amtliche Dokumente mit erläuternden Texten. Um das an einem Beispiel vom September 1944 zu erläutern: Am 13. September waren die IG Farben-Raffinerien bei Auschwitz bombardiert worden. Im Bericht zu den Fotos Nr. 4053, 4054 und 4055 heißt es[29]:

»*I.G.F. Synthet. Öl- und Gummiwerke* (Auschwitz, Polen). *Schaden* (Angriff 13. Sept.)

Nur geringer Schaden wurde bei einigen kleinen Lagerhäusern und Arbeitsbaracken im südlichen Zentrum des Werkes angerichtet.

Ein schon früher zerstörtes Fabrikgebäude wurde angegriffen und rauchte noch immer. Etwa drei kleine Lagerhäuser, zwei Gebäude im Konzentrationslager und drei kleine Barackengebäude wurden getroffen.

Riesige Rauchwolken steigen aus einer großen Gruppe oberirdisch verlaufender Rohre . . . Reparaturarbeiten an früheren und neueren Zerstörungen gehen weiter.«

Dem Bericht angeheftet war in jedem Fall ein Formular. Es gab Auskunft über die Einheit, den Namen des betreffenden Piloten, Start- und Landezeit, Flugzeit, Flakabwehr, Wetterlage bei Angriff und anderes mehr. Für den 13. September 1944, um bei diesem Beispiel zu bleiben, erklärte der Pilot[30]:

»Gesamtflugzeit: 6:15 Stunden, Flak: ja. Angriffswetter: leicht

29 Archiv des Verfassers.
30 Ebenda.

bewölkt.« Und er ergänzte »25 Explosionen schwerer Flakgeschütze, genau in bezug auf die Höhe, ungenau in bezug auf die
Position.«

Den 96 US-Bombern vom Typ »Liberator« begegnete nicht
ein einziges deutsches Jagdflugzeug. Drei Bomber wurden
allerdings durch die Flak abgeschossen. Auf das Vernichtungslager Birkenau fiel nicht eine einzige Bombe, obwohl die
Formationen die Gaskammern und Krematorien vor dem
Angriff und danach überfliegen mußten.

Alliierte Reaktionen

Am 22. Januar 1944 hatte der Präsident der Vereinigten Staaten von Amerika, Franklin Delano Roosevelt, den Kriegsflüchtlingsausschuß »War refugee Board« (WRB) gegründet. Seine Aufgabe sollte es sein[31], »alle Maßnahmen zu treffen, die in der Macht der US-Regierung liegen, die Flüchtlinge aus der Unterdrückung durch den Feind zu retten, die sich in unmittelbarer Lebensgefahr befinden, und außerdem diesen Flüchtlingen jede mögliche Hilfe und Unterstützung anzubieten, die in Übereinstimmung zu bringen sind mit der erfolgreichen Fortsetzung des Krieges«. Der letzte Nebensatz wurde mißbraucht, um ungezählte, vom Tode bedrohte Menschen nicht zu retten. Denn in unmittelbarer Todesgefahr befand sich spätestens seit der Wannsee-Konferenz vom 20. Januar 1942 jeder Jude im deutschen Machtbereich. Auf jener Geheimkonferenz in Berlin war die Ausrottung der Juden endgültig beschlossen worden. Insofern führt der »Ploetz« in dem Band »Geschichte des Zweiten Weltkrieges« in die Irre, weil er zu der Konferenz bemerkt[32], »die letzten Absichten blieben verschleiert«. Robert Kemper hat längst nachgewiesen, daß eindeutiger der Massenmord gar nicht beschlossen werden konnte.

Zum Exekutivdirektor des WRB wurde John W. Pehle bestimmt. Das Außen-, das Finanz- und das Kriegsministerium ernannte Roosevelt zu gleichberechtigten Mitgliedern des

---

31 Ebenda.
32 Ploetz, Auszüge aus der Geschichte des Zweiten Weltkrieges, 2. Auflage, Würzburg 1960, S. 110.

Ausschusses. Pehle kam aus dem Finanzministerium, das Henry Morgenthau jun. als Minister leitete. Aus seinem Ministerium wurden neben Pehle auch die anderen wichtigsten Mitglieder des Ausschusses geholt. Morgenthau stand mit dem ganzen Einfluß seiner Persönlichkeit hinter der Tätigkeit des Ausschusses.

Nach den ersten Hilferufen, die Eisenbahnlinien zwischen Ungarn und Polen zu bombardieren, häuften sich die Bitten während des Juni 1944. Sie kamen unter anderem aus Widerstandskreisen in der Tschechoslowakei und erreichten in Genf Jaromir Kopecky, einen früheren tschechoslowakischen Minister. Der gab sie an den Vertreter des jüdischen Weltkongresses, Gerhart Riegner, weiter, der sie sofort den Regierungen in London und Washington sowie der Exilregierung der Tschechoslowakei in London zur Kenntnis brachte. Kopecky und Riegner gingen in ihren Bitten an die britische und amerikanische Regierung einen entscheidenden Schritt weiter: Sie schlugen dringend vor, außer den Bahngleisen und Brücken auch die Gaskammern in Auschwitz durch Bomben zu zerstören.

In New York sickerte nun endlich in einflußreichen jüdischen Kreisen durch, was da seit Mai 1944 erbeten wurde. David Wyman, auf dessen Forschungen ich mich hier im wesentlichen beziehe[33], hat herausgefunden, daß am 18. Juni 1944 Jacob Rosenheim aus dem New Yorker Büro »Agudath Israel World Organization« hohe amerikanische Regierungsbeamte davon unterrichtete, die Deportationen ungarischer Juden nach Auschwitz gingen ohne Pause weiter. Und er flehte diese Beamten, wie Wyman formuliert, an, die Bahnknotenpunkte von Kosice und Presov zu zerstören, um die Ausrottung wenigstens zu behindern. Auch John W. Pehle wurde informiert. Er leitete Rosenheims Bitte am 21. Juni 1944 an das Kriegsministerium weiter. Drei Tage später traf er mit dem Mann zusammen, der dem Leser von nun an häufig begegnen wird: John McCloy, damals der höchste Zivilbeamte im amerikanischen Kriegsministerium.

33 Wymann, a. a. O., S. 38.

In der Bundesrepublik genießt McCloy unverändert großes Ansehen. Als Hoher Kommissar in der amerikanischen Besatzungszone und damit höchster ziviler Repräsentant der US-Regierung im befreiten westlichen Teil des ehemaligen Deutschen Reiches, hat er Ende der vierziger und Anfang der fünfziger Jahre vieles getan, um die Not der Bevölkerung zu lindern. Das hat man ihm nicht vergessen. Andere Tätigkeitsbereiche John McCloys sind darüber zu kurz gekommen. In seiner Amtszeit sind in der amerikanischen Besatzungszone viele NS-Massenmörder begnadigt und in die Freiheit entlassen worden. Darauf wird noch einzugehen sein.

Drei Tage, nachdem John W. Pehle Rosenheims Bitte um die Zerstörung der Eisenbahnlinien ans Kriegsministerium weitergeleitet hatte, traf er sich mit John McCloy zu einem Gespräch über diese Frage. Das war, wie David Wyman ermittelt hat, ein Samstag. McCloy versicherte, er werde das Problem prüfen; es sei für ihn neu. Für das Kriegsministerium traf das jedoch nicht zu. Dort hatte man sich bereits einen Tag zuvor, also am 23. Juni 1944, damit beschäftigt. Man brauchte, und dies dürfte auch Pehle stutzig gemacht haben, nur einen einzigen Tag, und zwar ausgerechnet einen Sonntag, um zu der Erkenntnis zu gelangen, daß Luftangriffe auf jene Todeslinien nicht »practicable« (durchführbar) seien, weil »es nur durch den Abzug beträchtlicher Luftunterstützung verwirklicht werden könnte, die überaus wichtig für den Erfolg unserer Streitkräfte in der gegenwärtig entscheidenden Operation ist«.[34]

---

34 Ebenda, S. 38 f.

Die Kriegslage im Sommer 1944

Tatsächlich befanden sich die Alliierten im Sommer 1944 in schlechthin entscheidenden Schlachten. Am 6. Juni um 6.30 Uhr hatte das Unternehmen »Overlord« begonnen. Die Alliierten waren in der Normandie gelandet, um Europa von den Nazis zu befreien. Den Fallschirmjägern sowie jenen Infanterieeinheiten, die von 6400 Schiffen an Land gesetzt worden waren, wären der rasche Vorstoß und die Einkesselung der Halbinsel Contentin ohne die massive Unterstützung aus der Luft kaum gelungen. In jener Zeit, da Pehle mit McCloy sprach, waren die Alliierten dabei, ihr Invasionskorps von 326 000 auf mehr als eineinhalb Millionen Soldaten zu verstärken. Dieses Ziel war am 29. Juli erreicht. Es ist also durchaus verständlich, daß in jenen Sommerwochen die alliierten Kriegsministerien ihr Hauptaugenmerk auf die Kriegsschauplätze in Europa richteten. Dennoch handelte es sich bei der Antwort an den Kriegsflüchtlingsausschuß und an Pehle um eine Irreführung. Denn seit Mai 1944 stand die 15. US-Luftflotte in Italien zur Verfügung, deren einzige Aufgabe es war, die deutschen Raffinerien zu vernichten. Ohne Treibstoff konnte Nazi-Deutschland den Krieg nicht länger durchstehen, lautete die zutreffende Erkenntnis.

Die 15. US-Luftflotte wartete auf ihren Basen in Italien nur auf geeignete Flugbedingungen, um loszuschlagen. David Wyman hat festgestellt, daß diese Luftflotte nicht zur Unterstützung der Invasionstruppen eingesetzt worden ist. Das gilt sowohl für die Landung vom 6. Juni 1944 als auch für die Landung an der französischen Riviera am 15. August 1944. Dorthin wurden nur kurzfristig einige Einheiten der 15. Luftflotte abkommandiert. Sie brauchten die rasch vorstoßenden Panzertruppen kaum zu unterstützen, da die 19. deutsche Armee unter General Georg von Sodenstern äußerst schwach war.

Sodenstern zog sich schon wenige Tage nach der Landung auf die sogenannte »Westalpenfront« zurück. Am 23. August hatten die Alliierten bereits Grenoble befreit, am 28. August waren die Panzerverbände in Toulon und Marseille, eine Woche darauf schon in Lyon. Der deutsche Widerstand war zusammengebrochen. Die Hauptsorge der Alliierten bestand nun im wesentlichen darin, Nachschub zu bekommen. Auf Unterstützung aus der Luft konnten sie weitgehend verzichten. Mußte Hilfe angefordert werden, stand dafür speziell die 12. Luftflotte zur Verfügung, nicht aber die 15. unter Generalleutnant Ira C. Eaker.

Demgegenüber hatten amerikanische Bomberspezialisten, wie erwähnt, bereits im Januar 1944 damit begonnen, Angriffe auf die Raffinerien und Gummiwerke bei Auschwitz in ihr Konzept einzubeziehen. Im Mai 1944, als die Landung in der Normandie längst beschlossen war, nur der Tag wegen ungünstiger Witterungsverhältnisse noch nicht feststand, wurde der 15. Luftflotte als spezielle Aufgabe der Ölkrieg gegen Deutschland zugewiesen.

Am 24. Juni hatte Pehle das Gespräch mit McCloy, am 26. Juni wurde seine Bitte, die Eisenbahnlinien zu bombardieren, als »undurchführbar« abgelehnt. Doch an eben jenem 26. Juni flogen 71 »Fliegende Festungen« nach Auschwitz und bombardierten die Raffinerien und Gummiwerke. Dabei überflogen sie sogar eine jener Hauptschienenstrecken. Wenige Tage später, am 7. Juli 1944, waren es sogar 452 Bomber, die nach Auschwitz flogen – ebenfalls über jene Todesstränge. Zwischen beiden Angriffen teilte McCloy Pehle schriftlich mit: »Lieber Herr Pehle, ich verweise auf ihren Brief vom 29. Juni einschließlich eines Kabels Ihres Vertreters in Bern, Schweiz, der vorschlägt, bestimmte Streckenabschnitte der Eisenbahnverbindungen zwischen Ungarn und Polen zu bombardieren, um den Transport von Juden aus Ungarn zu unterbrechen. Das Kriegsministerium ist der Auffassung, daß die vorgeschlagene Luftoperation undurchführbar ist. Sie könnte nur durch den Abzug beträchtlicher Luftunterstützung für unsere jetzt in entscheidenden Operationen eingesetzten Einheiten verwirklicht werden und wäre in jedem Fall von so zweifelhafter Wirkung, daß sie nicht auf ein durchführbares Unternehmen hinausliefe.

Das Kriegsministerium würdigt vollständig die humanitären Beweggründe für die vorgeschlagene Operation, aber wegen der Gründe, die oben genannt sind, erscheint die empfohlene Operation nicht gerechtfertigt.

Ihr ergebener

John J. McCloy«

So ergeben war McCloy Exekutivdirektor John. W. Pehle und dem Kriegsflüchtlingsausschuß freilich nicht. Bombardieren, »um den Transport von Juden aus Ungarn zu unterbrechen«, antwortete er, und nicht zum Beispiel: den Massenmord in Auschwitz wenigstens zu behindern. Kein Wort der Anteilnahme. Die »humanitären Beweggründe« Pehles würdigte das Kriegsministerium. Er, McCloy, von Präsident Roosevelt beauftragt, alle Maßnahmen zu treffen, »die Flüchtlinge aus der Unterdrückung durch den Feind zu retten«, verstand sich zu keinem Zeichen von Anteilnahme oder Mitleid mit jenen Hunderttausenden von Juden, die zum Erstickungstod nach Auschwitz rollten. Sie zu retten schien dem Kriegsministerium »nicht gerechtfertigt«.

Daß McCloy auf Pehles Brief vom 29. Juni 1944 am 4. Juli geantwortet hat, kann durchaus mit einem Memorandum vom 3. Juli aus dem Kriegsministerium zusammenhängen. Immerhin bestätigt der Autor darin McCloy: »Ich weiß, Sie haben mir gesagt, ich solle dies killen.«[35] Aber: »Ich empfehle, die beigefügte Antwort zu schicken« – eine Antwort auf Pehles Brief, den dieser am 29. Juni unmittelbar nach seiner Besprechung mit McCloy geschrieben hatte. In ihm war allerdings nicht vom »Transport«, sondern von der »Deportation von Juden aus Ungarn und Polen« die Rede, und McCloy wußte aus der Begegnung mit Pehle, welches entsetzliche Schicksal jene Menschen in Polen erwartete.

35 Siehe Anhang.

Die Kenntnisse der britischen Regierung

Nun wußte freilich keineswegs nur die Regierung in Washington, daß die Nazis die Juden in ihrem Herrschaftsbereich ermordeten. Auch die britische Regierung kannte Einzelheiten, und dies bereits ehe Hitler den Vereinigten Staaten von Amerika am 11. Dezember 1941 den Krieg erklärte. Bernhard Wasserstein hat hier ebenso wichtige Recherchen geliefert[36] wie Walter Laqueur in einer Veröffentlichung des Leo Baeck-Instituts New York[37]. Vor allen Dingen aus Wassersteins höchst lesenswerter Studie stammen viele der folgenden Hinweise.

Schon im November 1941 meldete der britische Vertreter in Bern, D. V. Kelly, seiner Regierung nach London, »etwa eineinhalb Millionen Juden, die zuvor im östlichen Teil Polens gelebt haben, seien einfach verschwunden; niemand wisse wie und wohin«. Diese Information, so Kelly nach London, stamme von einem Polen.

In London residierten zu jener Zeit zahlreiche Exilregierungen von Staaten, die bereits von den Nazis besetzt waren. Polen war in der britischen Hauptstadt durch eine solche Regierung vertreten, Frankreich sowie die Niederlande und die Tschechoslowakei, um nur einige zu nennen. Der Vertreter der holländischen Regierung in Bern hatte sich ebenfalls an Kelly gewandt. Grund: Die Hälfte aller niederländischen Juden sei in die Konzentrationslager verschleppt worden und bereits tot. Im Oktober 1941 meldete der Jewish Chronicle, Tausende von

---

36 Bernhard Wasserstein, a. a. O.
37 Walter Laqueur: The first news of the Holocaust, Leo-Baeck-Institut, New York 1979.

Juden seien in der Ukraine Opfer von Pogromen geworden. Die Ukraine war damals längst von den Nazis besetzt. Im nächsten Monat gab dasselbe Blatt bekannt, ein Drittel aller Juden aus Bessarabien sei inzwischen ermordet worden. Jüdische Quellen und Zeugen galten damals freilich sowohl in Washington als auch in London als nicht eben zuverlässig. Man neigte dazu, ihre Berichte als übertriebene Horrorgeschichten abzutun.

Der Informationsfluß über den Holocaust ging selbstverständlich auch nach der deutschen Kriegserklärung an die USA weiter. Daß der Regierung in Washington schon vor dem 11. Dezember 1941 Einzelheiten über das Schicksal der Juden bekannt waren, darf schon deshalb unterstellt werden, weil die größten jüdischen Organisationen mit weltweiten Verbindungen ihre Büros vor allem in New York hatten. In welchem Umfang London und Washington sich gegenseitig darüber unterrichteten, was ihnen vom Holocaust bekannt war, muß noch im einzelnen untersucht werden. Besonders lebhaft scheinen diese Quellen indessen nicht gesprudelt zu haben.

Im Laufe des Jahres 1942 erreichten die britische Regierung immer mehr Meldungen über die Massenmorde. Ende Juni 1942 teilte die polnische Exilregierung mit, sie habe zuverlässige Nachrichten darüber, daß in Polen seit dem Überfall der Nazis am 1. September 1939 mehr als siebenhunderttausend Juden ermordet worden seien. Am 3. Oktober 1942 gab der polnische Vertreter beim Vatikan Einzelheiten über die Verwendung von Gas bei den Massenmorden zu Protokoll.

Auch dies hätte damals wissen können, wer sich unterrichten wollte. Bernhard Wasserstein hat den Jewish Chronicle jener Wochen und Monate genau studiert und ist dabei auf erschütternde Tatsachen gestoßen.

24. Oktober und 7. November 1941: Der Chronicle meldet den Einsatz von Lastkraftwagen, in denen Juden mit Gas umgebracht werden. Und er berichtet zuverlässig, wie wir inzwischen wissen, wo das verbrochen wurde: im Vernichtungslager Chelmno in Polen.

17. Dezember 1941: Die Nazis haben in Kiew 52 000 Menschen – Juden und Nichtjuden – ermordet. Heute wissen wir,

daß es der Massenmord von Babi Yar war. Ein Gemälde, das dieses Verbrechen festhält, hängt in dem Eingang zum Parlament in Jerusalem, den die Knesseth-Abgeordneten benutzen müssen, wenn sie zu ihrer Arbeit gehen – eine ständige Mahnung.

Januar 1942: Der Jewish Chronicle gibt bekannt, daß im KZ Mauthausen in Österreich Häftlinge mit Giftgas ermordet werden.

Im Februar 1942 meldet der Vertreter der Jewish Agency in Genf nach London, am Ende des Krieges würden Millionen von Juden aus Deutschland, Holland, Jugoslawien und Polen tot sein.

Im März berichtet er von einer neuen Verfolgungswelle. Die Wannsee-Konferenz vom 20. Januar 1942 hatte zu wirken begonnen.

Juni 1942: Die Deportationen aus Deutschland, der Tschechoslowakei und Österreich – es wird noch zwischen dem Deutschen Reich und Österreich unterschieden – nehmen zu. Ende September und Anfang Oktober schließlich verdichtet sich für den Repräsentanten der Jewish Agency in Genf die Erkenntnis, daß die Juden in Europa von der völligen Ausrottung bedroht sind.

Die Reaktion des britischen Außenministeriums auf diese auch ins Detail gehenden Nachrichten nennt Wasserstein vorsichtig »zurückhaltend« und fährt dann fort[38]: »Im Mai 1942 ging (im Außenministerium, d.V.) ein Bericht des Vertreters des jüdischen Weltkongresses in Genf, Dr. Gerhart Riegner, ein, in dem es heißt: ›Deutsche Autoritäten prüfen einen Plan, alle Juden in den von Nazis besetzten Gebieten nach Osten zu deportieren und dort mit einem Schlag auszurotten, um ein für alle Male die jüdische Frage in Europa zu lösen.‹«

Die »Endlösung« als Ergebnis der Wannsee-Konferenz vom 20. Januar 1942 hatte also nicht geheimgehalten werden können – wie auch, wenn Millionen von Menschen von ihr bedroht waren und viele tausend Deutsche sowie »Hilfswillige« bei den Verbrechen mitmachten? Bernhard Wasserstein,

---

38 Bernhard Wasserstein, a. a. O., S. 168 f.

der damit auf die Frage kommt, welchen Stellenwert das Außenministerium jüdischen Nachrichten und Zeugen einräumte[39], stellt fest:

»Die ersten Reaktionen des Außenministeriums bestanden darin, es gebe keine Bestätigung dieses Berichts durch andere Quellen, obwohl wir selbstverständlich zahlreiche Berichte über große Massaker an Juden, besonders in Polen, besitzen! Am 15. August (1942, d.V.) erklärte V. K. Roberts (ein hoher Beamter im Auswärtigen Amt, d.V.): ›Ich sehe nicht, wie wir diese Nachricht länger zurückhalten können, obwohl ich fürchte, daß durch die Veröffentlichung noch umfassendere Verfolgungen provoziert werden.‹

Diese Stellungnahme wurde den Vertretern des jüdischen Weltkongresses in London zugestellt. Sidney Silverman, Mitglied des Unterhauses und Sprecher des jüdischen Weltkongresses, erklärte daraufhin dem Außenminister, er halte die Quelle für völlig zuverlässig und bat um die Erlaubnis, diese an Rabbiner Stephen Wise in New York weiterleiten zu dürfen. Er fragte gleichzeitig, was das Außenministerium von einer Veröffentlichung des Berichts (von Riegner über die Nazi-Pläne, d. V.) halte. (William) D(enis) Allen (vom Außenministerium) stellt daraufhin fest: ›Wir haben auch viel Beweismaterial dafür, daß Juden aus anderen Teilen Europas im Generalgouvernement konzentriert worden sind, außerdem dafür, daß viele Juden dort einerseits wegen schlechter Behandlung, andererseits wegen des Mangels an Nahrungsmitteln oder wegen allgemeiner schlechter Bedingungen, z. B. im Ghetto von Warschau, oder als Folge der Deportation oder durch Hinrichtung umgekommen sind. Solche Meldungen (im Original schreibt Allen: Stories, also Geschichten) reichen hin als Grundlage für den Bericht Riegners, sie lassen aber nicht den Schluß auf eine Ausrottung mit einem Schlag zu.

Die deutsche Regierung scheint vielmehr ›unnütze Esser‹ zu entfernen, benutzt jedoch arbeitsfähige Juden als Sklavenarbeiter . . . Ich denke nicht, daß wir gut beraten wären, wenn wir diese Geschichte in der Propaganda gegen Deutschland ohne

---

39 Ebenda.

zusätzliche Bestätigungen benutzen würden ... Wir sollten solche Angelegenheiten nicht unterstützen, indem wir irgendetwas auf der Grundlage dieser ziemlich wilden Geschichte unternehmen.‹«

Soweit W. D. Allen. Nun muß man gewiß Verständnis dafür haben, daß Regierung und Beamte zivilisierter Staaten nicht einfach glauben konnten, daß der Kriegsgegner Deutschland das Volk der Juden auszurotten beschlossen hatte. Den Begriff vom Völkermord gab es damals noch nicht, den Völkermord selbst, den gab es freilich durchaus. Die Alliierten wußten selbstverständlich auch, daß es in Deutschland Konzentrationslager gab. Sie konnten sich allerdings nicht vorstellen, daß, um noch einmal Gideon Hausner zu zitieren, »die Vernichtung der Juden – das größte Verbrechen der Geschichte« längst zur blutigen Wirklichkeit geworden war.

»Als der Krieg länger andauerte, haben Juden und andere Amerikaner die Zeitungsberichte über die Vernichtungslager, die Massendeportationen und die Ausrottung der Juden gelesen«, sagte im April 1980 Abe Karp, Professor für jüdische Studien an der Universität von Rochester. »Sie wußten von den Greueltaten, aber sie wußten nicht, daß es Holocaust war. So schrecklich, daß ein besonderes Wort notwendig wurde, es zu beschreiben.«

Und Henry Feingold von der City University in New York erklärte, das amerikanische Judentum habe während des Krieges »keine Möglichkeit« gehabt, »Roosevelt mit dem Verlust der jüdischen Wählerstimmen zu drohen«, um militärische oder andere Maßnahmen zur Rettung der europäischen Juden zu erzwingen. Die jüdische Gemeinschaft hatte damals keinen inneren Zusammenhalt. Sie war zerstritten über belanglose Fragen. Die amerikanischen Juden damals waren nicht gleichgültig oder gefühllos, sie waren lediglich machtlos, das ließ sie verzweifeln.«[40]

Immerhin, die Hinweise auf das, was die Nazis in Auschwitz, Chelmno, Treblinka, Belzec, Majdanek verbrachten, verdichteten sich in den Jahren 1942 und 1943 in solchem Maße, daß

40 Kölnische Rundschau, 16. 4. 1980.

1944 nicht mehr der geringste Zweifel an der Tatsache bestehen konnte: die Juden werden alle ermordet. Der Bericht der beiden Auschwitz-Flüchtlinge Vrba und Wetzler vom Frühjahr 1944 enthielt insoweit keine absoluten Neuigkeiten. Er bestätigte aber einerseits, was bis dahin durchgesickert war, andererseits war er selbstverständlich deshalb von herausragender Bedeutung, weil in ihm zum ersten Mal alle Details bis hin zum Raub des Zahngoldes sowie die genaue Lage der Gaskammern und Krematorien in Auschwitz beschrieben wurden. Daß der Krieg für die Nazis im Frühjahr 1944 verloren war, wußten auch die Nazis selbst. Die Landungen der Alliierten in der Normandie und in Südfrankreich stellten die Strategen in Washington und London noch einmal vor eine schwere Aufgabe. Ihr oberstes Ziel war selbstverständlich, Europa so schnell wie möglich vom Nazi-Joch zu befreien und damit auch die Juden und alle KZ-Häftlinge zu erlösen. Doch die Zeit drängte. Die Deportationszüge aus Ungarn rollten unablässig nach Auschwitz, so daß dessen Kommandant Rudolf Höss Adolf Eichmann sogar dringend aufforderte, die Züge nicht in so dichter Folge zu schicken. Der Erstickungstod war aber nur die letzte Station auf diesem Leidensweg, den Gideon Hausner so beschrieben hat[41]:

»Die Deportationen waren gekoppelt mit grausamen Folterungen, um den Deportierten Geld und Wertgegenstände abzupressen, Ehefrauen wurden vor ihren Männern, Kinder vor ihren Eltern durchgeprügelt, damit sie ›gestanden‹, wo ihre Schmucksachen versteckt waren. Gummiknüppel, elektrischer Strom, brutales Auspeitschen der Fußsohlen und Handflächen, Nadeln unter den Fingernägeln waren die Lieblingsmethoden der ungarischen Gendarmerie unter der allgemeinen Leitung von Krumey und Wisliceny. Aus Kassa wurde berichtet, daß die vierundachtzigjährige Mutter eines angesehenen Bürgers der Stadt vom Operationstisch weggeholt wurde, während man ihr einen Fuß amputierte, und ohne weitere Umstände in einen Waggon geworfen wurde. Diese Mißhandlung verbitterte ihren Sohn so sehr, daß er einen Revolver hervorzog, um sich zu

41 Gideon Hausner, a. a. O., S. 190.

erschießen. Man schlug die Waffe beiseite, aber sie ging trotzdem los und fetzte ihm das halbe Gesicht weg. Ohne Verband wurde er seiner Mutter in den Waggon nachgeworfen.«

Diese Schilderung Hausners basiert ebenfalls auf Aussagen von Zeugen im Prozeß gegen Adolf Eichmann im Sommer 1961 in Jerusalem. Doch auch im Bericht der beiden Flüchtlinge finden sich genaue Hinweise auf das, was die Häftlinge in Auschwitz, in Majdanek und anderen Vernichtungslagern durchleiden mußten, ehe sie schließlich im Gas erstickten.

Die Zustände in Majdanek werden hier nicht berücksichtigt, weil dieses Konzentrations- und Vernichtungslager bereits am 22. Juli 1944 von sowjetischen Truppen befreit wurde. Bomben auf Majdanek kamen also im Sommer und Herbst 1944 nicht mehr in Betracht – im Gegensatz zu Auschwitz, das erst am 27. Januar 1945 in sowjetische Hände fiel. Im Vrba-Wetzler-Bericht heißt es u. a.[42]:

»Während meiner ersten Nachtschicht hatte ich Gelegenheit zu sehen, wie in Auschwitz ankommende Transporte behandelt wurden. Es kam ein Transport mit polnischen Juden an. Sie hatten unterwegs kein Wasser gehabt und etwa hundert waren bei der Ankunft tot. Als die Türen des Waggons geöffnet wurden, wurden die von der langen Reise und den Entbehrungen völlig entkräfteten jammernden Juden hinausgetrieben. Dann mußten sich die Unglücklichen in Fünferreihen aufstellen. Unsere Aufgabe war es, die Leichen und die Halbtoten sowie das Gepäck aus den Eisenbahnwaggons herauszuholen. Die Toten legten wir auf einen Sammelplatz. Alle, die nicht aus eigenen Kräften stehen konnten, wurden für tot erklärt. Das Gepäck wurde auf einen Haufen geworfen. Die Wagen mußten gründlich gesäubert werden, damit keine Spuren des Transports übrigblieben. Eine Kommission der politischen Abteilung sonderte dann zehn Prozent der Männer und fünf Prozent der Frauen aus, die für das Lager bestimmt waren. Die Zurückbleibenden wurden auf Lastkraftwagen verladen und

---

42 Testimony of two Escapes from Auschwitz/Birkenau in der englischen Fassung vom 20. 4. 1945, S. 42 (siehe auch Anhang).

nach Birkenau (im Original: to the birchwood) gebracht, wo
sie vergast wurden. Die Halbtoten wurden auch auf Lastkraftwagen geladen; sie wurden in Birkenau verbrannt, ohne vorher
vergast worden zu sein. Kleine Kinder wurden einfach auf
Lastkraftwagen geschleudert.«

Doch nicht nur jene Häftlinge, die »halbtot« in Auschwitz
ankamen, wurden lebendigen Leibes verbrannt. Auch bei
Epidemien im Lager ging die SS mit einer Grausamkeit und
Brutalität vor, die ihresgleichen nicht hat. In dem dokumenta-
rischen Bericht heißt es weiter:

»Im Juli und September 1942 wütete in Auschwitz und
Birkenau Typhus, besonders unter den Frauen. Wer erkrankte,
wurde nicht etwa behandelt. Zuerst wurden Typhusverdächti-
ge durch Phenolspritzen ermordet, später wurden sie in großer
Zahl vergast. Innerhalb von zwei Monaten kamen 15 000 bis
20 000 Gefangene um, die meisten von ihnen Juden. Das
Frauenlager litt besonders stark. Dort gab es überhaupt keine
sanitären Einrichtungen, und die Mädchen waren voller Läuse.
Große Selektionen gab es jede Woche. Ohne Rücksicht auf das
Wetter mußten sich die Mädchen nackend für diese Selektionen aufstellen und in Todesangst abwarten, ob sie selektiert
oder noch eine Woche Frist haben würden. Viele Männer und
Frauen nahmen sich das Leben. Sie berührten lediglich den mit
Hochspannung geladenen Draht des inneren Zaunes. Es
kamen so viele Frauen an, daß nicht mehr als fünf Prozent
überlebten. Zu jener Zeit befanden sich in Auschwitz und
Birkenau noch vierhundert Mädchen, der Rest von ursprünglich 7000. Die meisten von ihnen hatten sich Jobs in der
Lagerverwaltung beschafft.«

Der Bericht endet mit diesen Sätzen: »Bald verlor ich meinen
verhältnismäßig komfortablen Job (Oktober 1942) beim Aufräumungskommando und wurde nach Birkenau strafversetzt,
wo ich eineinhalb Jahre verbrachte. Am 7. April 1944 gelang
mir mit meinem Begleiter die Flucht.«

Womit sich erneut die Frage stellt, wann der Bericht der beiden
slowakischen Juden Rudolf Vrba und Alfred Wetzler endlich in
Washington in die entscheidenden Hände gelangte. Dies war
Mitte Juni 1944 der Fall, worauf schon hingewiesen worden ist.

Am 24. Juni 1944, und auch dies ist bereits erwähnt worden, sprach der Exekutivdirektor des WRB, John W. Pehle, mit John J. McCloy als dem höchsten zivilen Beamten im Kriegsministerium in Washington. Die Begründung, mit der McCloy die Bitte um die Bombardierung von Auschwitz oder der Bahnverbindung zwischen Auschwitz und Ungarn als »undurchführbar« abwies, ist gleichfalls beschrieben worden. Doch Pehle ließ nicht nach. Drei Wochen nach seinem Treffen mit McCloy verfaßte er ein Memorandum »für die Mitglieder des Ausschusses«. Es trägt das Datum 15. Juli 1944. Obwohl es im Original fünfeinhalb Seiten umfaßt, wird es hier im Text vollständig wiedergegeben und nicht im Anhang dokumentiert, weil es einerseits die verzweifelte Lage der ungarischen Juden und der Häftlinge insgesamt beschreibt, und andererseits beweist, welche Mühe Pehle sich, jedenfalls zu dieser Zeit, noch, gegeben hat, die Zerstörung wenigstens der Eisenbahnlinien zu erreichen. Daß dies auf keinen Fall genügt hätte, daß die Gaskammern und Krematorien hätten bombardiert werden müssen, um die Massenmorde wirkungsvoll zu behindern, wird in einem anderen Zusammenhang nachzuweisen sein. In einem Brief, den Pehle beigefügt hat, weist er ausdrücklich darauf hin, daß er sich auch auf neueste Informationen von Vertretern des Ausschusses in Schweden und in der Schweiz stütze.

Memorandum für die Mitarbeiter
der Kriegsflüchtlingsbehörde

Kopie für Sekretär Stimson

Wegen der verständlicherweise weitverbreiteten Betroffenheit über die Notlage der Juden in Ungarn halte ich es für angebracht, Sie über die uns bekannten Fakten und über die in dieser Angelegenheit unternommenen Schritte und Bemühungen zu informieren.

Seit der Besetzung Ungarns durch die Deutschen und der Einrichtung einer Marionetten-Regierung befassen wir uns vordringlich mit der Situation der Juden in diesem Land. Einige Andeutungen über die unsagbar tragischen Zustände dieser Menschen wurden kürzlich in Telegrammen von Vertretern der Behörden in Schweden und der Schweiz gemacht. Kopien finden Sie in der Anlage.

Von vielen Seiten haben wir herzergreifende Gesuche und Vorschläge zum Handeln bekommen. Jeder dieser Vorschläge ist sorgfältig geprüft und – soweit möglich – sofort in die Tat umgesetzt worden. Das beigefügte Memorandum umfaßt unsere wichtigsten Aktivitäten, die zur Lösung dieses Problems beitragen sollen.

Trotz zahlreicher Interventionen und Aktionen kann keine bemerkenswerte Verringerung der Judenverfolgung und -vernichtung in Ungarn verzeichnet werden.

Wir werden natürlich mit allen verfügbaren Kräften unsere Bemühungen fortsetzen.

Anlagen

gez. J. W. Pehle
Geschäftsführer

Summe aller Aktivitäten der Kriegsflüchtlingsbehörde in der ungarischen Judenfrage

Sofort nach der deutschen Besetzung Ungarns, als sich eine steigende Brutalität gegenüber den Juden und anderen Minderheiten dieses Landes abzeichnete, wurden aus zwingenden Gründen Aktivitäten aufgenommen. Nach wie vor bemühen wir uns, Deportationen und Exekutionen zuvorzukommen und so viele dieser Opfer wie möglich zu retten. Jeder Vorschlag, ob von privaten oder öffentlichen Stellen, ist sorgfältig von der Behörde analysiert und studiert worden, und jedes mögliche Projekt, um diese Menschen zu retten, haben wir mit Nachdruck verfolgt. Der Einfluß der Behörde in der ungarischen Frage hat sich durch das Bemühen um Veröffentlichung dieser für die Regierung bestimmten Pläne zur Rettung der von den Nazis unterdrückten Menschen als nützlich erwiesen.

Unser erster Schritt galt einem Versuch, die genauen Fakten zu erfahren. Deswegen wurde sofort an unsere Missionen in den neutralen Ländern sowie an den Vatikan telegrafiert mit der dringenden Bitte um detaillierte Informationen über die Behandlung der Juden in Ungarn.

Bemühungen um erhöhten Schutz der Juden in Ungarn

Nach Erhalt von Berichten, daß die Deutschen mit der eifrigen Unterstützung der ungarischen Marionetten-Regierung ein ähnliches Programm verfolgten, begannen wir mit einer Serie gezielter Maßnahmen für den Schutz dieser Menschen in Ungarn. Wir unterwiesen unsere akkreditierten Vertreter in den neutralen Ländern, ihre Regierungen zu veranlassen, die Anzahl der sie vertretenden Diplomaten und Konsulatsangestellten in Ungarn soweit wie möglich zu erhöhen in der Hoffnung, daß diese Repräsentanten alle verfügbaren Mittel einsetzen würden, um Privatleute und offizielle Persönlichkeiten in Ungarn zur Einstellung der Judenverfolgung zu bewegen. Die Türkei, Portugal, Spanien und die Schweiz reagierten negativ auf diesen Appell. Schweden stimmte auf Grund humanitärer Aspekte mit ganzem Herzen zu und veranlaßte sofort eine Verstärkung des diplomatischen Personals in Ungarn.

Das Internationale Rote Kreuz wurde ebenfalls dringend gebeten, seine Präsenz zum Schutz und Wohlergehen der Gruppen, die in diesem Lande verfolgt werden, zu erhöhen. Während die Reaktion auf diese Bitte zuerst negativ war, scheint das Internationale Rote Kreuz auf wiederholtes Drängen hin nun zu versuchen, zusätzliches Personal in Ungarn einzusetzen und die Bemühungen unserer Vertreter in der Schweiz zu unterstützen.

Auf dringende Anfrage der Behörde wurde im Namen der Regierung der Vereinigten Staaten an den Vatikan telegrafiert, um die Aufmerksamkeit seiner Heiligkeit auf Berichte über Verfolgungen in Ungarn zu lenken. Der Papst wurde ersucht, sich mit einer Stellungnahme zu diesem Thema persönlich über den Rundfunk und durch den Klerus an Autoritäten und das ungarische Volk zu wenden. Das Telegramm bat seine Heiligkeit ebenfalls, an die geistigen Konsequenzen dieser in Ungarn begangenen Verbrechen zu erinnern und um den Einsatz zusätzlicher Repräsentanten des Vatikans in Ungarn. Der apostolische Delegierte hat uns gerade davon unterrichtet, daß der Papst am 25. Juni persönlich an Regent Horthy appelliert habe, alles erdenkliche für diese unglücklichen Menschen, die aus rassistischen und Nationalitätsgründen leiden müßten, zu tun. Horthy antwortete, daß er alles in seiner Macht liegende veranlassen würde, um humanitären und christlichen Prinzipien zum Sieg zu verhelfen. Ergänzend sei bemerkt, daß der Apostolische Delegierte uns von den andauernden intensiven Aktivitäten des Päpstlichen Nuntius in Budapest berichtete, der ständig nach Wegen suchte, den nichtarischen Ungarn zu helfen und sie zu schützen.

Auf Drängen der Behörde wurde Minister Harrison gebeten, die Schweizer Regierung zu ersuchen, im Namen der Regierung der Vereinigten Staaten bei der zuständigen ungarischen Behörde um Mitteilung über deren Intentionen in zukünftigen Anerkennungsfragen der Juden zu bitten, und sie über die düstere Position, die diese Regierung mit der Verfolgung von

Juden und anderen Minderheiten bezieht, aufzuklären. Diese Nachricht wurde von der Schweiz am 27. Juni an das Ungarische Auswärtige Amt weitergeleitet.

Intensivierung eines
psychologischen Kriegswohlfahrts-Programmes

In Zusammenarbeit mit OWI sind Vorkehrungen für eine kontinuierliche Berichterstattung nach Ungarn getroffen worden, um die Bevölkerung und amtliche Stellen vor einer Fortführung der Judenverfolgung zu warnen und um die Täter dieser Verbrechen über unsere Strafbestimmungen zu informieren. Der OWI-Sendebereich deckt weite Gebiete in Übersee wie auch in den Vereinigten Staaten. Die britischen und russischen Behörden sind gedrängt worden, sich unverzüglich über ihren Rundfunk an diesem psychologischen Programm zu beteiligen.
Die Rede des Präsidenten vom 24. März anläßlich der Nazi-Verstöße wurde wiederholt in Rundfunksendungen unseres Landes ausgestrahlt. Auf Grund unserer Bemühungen unterzeichneten Mitglieder des Senats für ausländische Fragen einen energischen Bericht, der die brutale Behandlung der Juden in Ungarn verurteilt. Das Außenministerium schloß sich dem sofort mit einer Resolution an, die die Verfolgung von Minderheiten und besonders die barbarischen in Ungarn begangenen deutschen Verbrechen verurteilt. Diese beiden Statements wurden immer und immer wieder von OWI-Programmen in das besetzte Europa übertragen. Vertreter der Flüchtlingsbehörde im Ausland stellten diese Texte der Presse und den Radiostationen neutraler Länder zur Verfügung. Ein anderer Bericht über die Nazi-Greueltaten, der von Gouverneur Alfred E. Smith und 70 anderen prominenten amerikanischen Christen unterzeichnet wurde, ist auf ähnliche Weise überall in der Welt verbreitet worden.
Erzbischof Spellman aus New York hat kürzlich auf unsere Bitte hin mit beispielhaftem Engagement an die Moral der ungarischen Bevölkerung appelliert, sich von der Mordgier und

Tyrannei des Nazi-Vernichtungsprogrammes zu distanzieren. Dieses Statement ist als Heilsbotschaft über die ganze Welt verbreitet und wiederholt vom ungarischen Rundfunk und anderen amerikanischen Satellitenstaaten sowie von neutralen Ländern gesendet worden. Flugblätter mit den o. g. Statements sind mit Flugzeugen über Ungarn abgeworfen worden mit dem Versuch, so viele Menschen wie möglich damit zu erreichen.

Schwedische Aktionen

Das schwedische Auswärtige Amt hat eng mit unserem Vertreter zusammengearbeitet und ihm verschiedene offizielle Berichte von der schwedischen Botschaft in Ungarn zur Verfügung gestellt. Ergänzend hierzu hat das schwedische Auswärtige Amt Herrn Wallenberg, einen prominenten schwedischen Geschäftsmann, als Attaché in Flüchtlingsangelegenheiten nach Budapest gesandt mit dem ausdrücklichen Anliegen, so viele Leben wie möglich zu retten. Das schwedische Auswärtige Amt ging so weit, Herrn Wallenberg für jede Arbeit, die die Kriegsflüchtlingsbehörde von ihm erbittet, zu autorisieren. Wir haben natürlich geantwortet, daß Wallenberg – da er weder als offizieller Vertreter unserer Behörde fungieren noch in seinem eigenen Namen handeln kann – selbständig mit unseren Repräsentanten in Stockholm kooperieren und spezielle Hilfsmaßnahmen für die Juden in Ungarn veranlassen könne. Unser Vertreter wurde von uns angewiesen, ihm jede Hilfestellung in dieser Mission zu leisten.
In der Hoffnung, daß von Schweden aus Rettungsunternehmen gestartet und weiterentwickelt werden, haben wir ein detailliertes Programm mit den Namen von Ungarn, die bei Rettungsaktionen behilflich sein könnten, an Olsen weitergeleitet und haben hierin auch mehrere Fluchtmöglichkeiten von Ungarn aus aufgezeigt. Wir haben private Hilfsfonds eingerichtet, die von Olsen für Rettungsaktionen verwendet werden sollen. Wir haben unseren Willen und unsere Diskussionsbereitschaft für jeden Vorschlag oder jede Hilfsmaßnahme für die verfolgten Menschen in Ungarn ausgedrückt.

Aktionen der Schweiz

Der Vertreter der Behörde, McClelland, hat ähnliche Instruktionen wie Olsen erhalten und wurde gebeten, die Aktivitäten amerikanischer Organisationen in der Schweiz zu einem effektvollen Rettungsunternehmen für ungarische Juden zu koordinieren. Ihm wurden die Namen ungarischer Privatleute für eventuelle Hilfeleistungen und mögliche Fluchtrouten zugeleitet. Eine dringende Bitte McClellands um finanziellen Beistand für die Rettung der Nazi-Opfer in Ungarn wurde von der Behörde mit der Übersendung von 1 125 000 Dollars aus privaten Hilfsfonds in die Schweiz beantwortet. Dank eines speziellen Appelles an unseren Schweizer Gesandten traf dieser mit den schweizer Behörden Vereinbarungen, um über die notwendigen Schweizer Franken für diese Aktivitäten verfügen zu können. Mc Clelland berichtete unserem Amt, daß zahlreiche Operationen liefen und daß man alle Berichte und Gesuche der ungarischen Juden sorgsam behandeln würde mit dem Anliegen, nichts unversucht zu lassen.

Bemühungen um vermehrte Flüchtlingsströme vom Balkan durch Jugoslawien und die Türkei

Mit der tragischen Wende der Ereignisse in Ungarn intensivierte unsere Behörde die Bemühungen, die Flüchtlingsströme in zwei allgemeine Richtungen zu lenken. Erstens widmete man alle Aufmerksamkeit den Flüchtlingsschleusen in Jugoslawien und Italien. Die Rettungsaktionen an der Adria wurden mit Hilfsfonds unterstützt, und man hofft, daß einige Flüchtlinge in Ungarn diese Fluchtchance ergreifen. Zweitens arbeitet die Behörde zur Zeit an Plänen für eine größere Rettungsaktion durch Rumänien mit anschließender Schiffspassage in die Türkei und nach Palästina. Der letzte Plan hat sich als wirkungsvoller erwiesen. Die rumänische Behörde hat ein neues Büro zur Unterstützung von Emigranten eingerichtet und fünf kleine Schiffe für Rettungsoperationen von Konstanza nach der Türkei zur Verfügung gestellt. Eines dieser Schiffe ist bereits mit 739 Flüchtlingen, inclusive 239 Waisenkindern in der Türkei gelandet. Dank den Bemühungen von Botschafter Steinhardt wird auch der Transport durch die Türkei erleichtert. Die Behörde versucht, alle Aktivitäten privater Agenturen zu koordinieren, größere Geldsendungen in die Türkei zu fördern und andere Schritte zu unternehmen, um den Flüchtlingsstrom zu erhalten und zu vergrößern.

Militärische Operationen

Da die verzweifelte Situation in Ungarn zu eskalieren scheint, hat die Behörde mehrere Vorschläge für bestimmte militärische Aktionen erhalten, um den Deutschen mit Hindernissen bei ihren Vernichtungsmaßnahmen zuvorzukommen. Einer der Vorschläge lautete, die Eisenbahnstrecken, die zu den Lagern führen, ab Deportationsausgang zu bombardieren. Dieser ausgefallene Vorschlag wurde mit dem Assistenten des Kriegsministers, McCloy, diskutiert. Nach sorgfältiger Erwägung dieser Angelegenheit erklärte das Kriegsministerium, daß die vorgeschlagene Luftoperation nicht praktizierbar wäre. Als Variante hierzu wurde der Behörde auch eine Bombardierung der Konzentrations- und Vernichtungslager vorgeschlagen, um durch die daraus entstehende allgemeine Konfusion einigen unglücklichen Menschen zur Flucht und zu Verstecken zu verhelfen. Es wurde auch erwogen, gleichzeitig mit der Bombardierung Fallschirme mit Waffen abzuwerfen. Schließlich wurde noch vorgeschlagen, mit der Entsendung von Fallschirmstaffeln allgemeine Verwirrung anzustiften, um die Flucht dieser unglücklichen Menschen zu begünstigen.
Diese Maßnahmen werden zur Zeit von kompetenten Stellen der Militärbehörde überprüft.

Überlegungen zur Rettung der Juden in Ungarn mit Hinblick auf deutsche Reaktionen

Zahlreiche großangelegte und manchmal phantastische Vorschläge sind inzwischen von neutralen Ländern eingegangen.

Sie appellieren an die Konzessionsbereitschaft der alliierten Regierungen im Fall, daß die Deutschen die Deportationen und Morde an Juden einstellen würden. Wenn auch nicht bei allen, so muß doch bei den meisten dieser Vorschläge deren zuverlässiges Funktionieren bezweifelt werden.

Wie dem auch sei, bei der Politik, die wir hier verfolgen, wollen wir vermeiden, auch nur einen dieser Vorschläge völlig zu verwerfen, in der Hoffnung, daß wir noch einige wertvolle und akzeptable erhalten werden.

Der Untergang der »Struma«

Geht man der Frage nach, wie die britische Regierung sich gegenüber der Verfolgung und Ermordung der europäischen Juden verhalten hat, so ist der Untergang eines Schiffes im Frühjahr 1942 von erheblicher Bedeutung. Das Schiff mit 779 Juden aus Ungarn war am 25. Februar 1942 im Schwarzen Meer gesunken, weil die Briten jede Hilfe verweigerten. Bernhard Wasserstein hat diese Tragödie detailliert untersucht[43]. Die »Struma« war 1867 gebaut worden, zur Zeit des Untergangs also älter als 70 Jahre. Seit 1934 war sie bei dem Londoner Versicherungskonzern Lloyd nicht mehr registriert. Vermutlich sollte der Seelenverkäufer abgewrackt werden. Im Herbst 1941 machte sich in Rumänien, einem Verbündeten der Nazis, eine blutige Pogromstimmung breit. Sie nahm solche Ausmaße an, daß der amerikanische Geschäftsträger in Bukarest, Gunthei, am 4. November 1941 der Regierung in Washington meldete, den unglücklichen Menschen bleibe nur noch »eine Flucht ins Ausland«. Schon zu dieser Zeit erhielt das Außenministerium in Washington also bereits Berichte über das Schicksal der Juden in Europa. Die Gaskammern wurden zwar noch nicht erwähnt, doch wenn ein Diplomat seiner Regierung mitteilt, diese Menschen brauchten ein Land, in das sie emigrieren könnten, wahrscheinlich mit nichts anderem, als sie auf dem Leib trugen, hätte auch ein Laie daraus den Schluß ziehen müssen, daß die Juden sich in unmittelbarer Lebensgefahr befanden.
Am 12. Dezember 1941 verließ die »Struma« den Hafen von

---

43 Bernhard Wasserstein, a. a. O., S. 143 f.

Konstanza unter panamesischer Flagge. Wasserstein vermutet, daß ein bulgarischer Kapitän den Flüchtlingen die Fahrt nach Palästina – selbstverständlich gegen ein hohes Entgelt – angeboten hatte. Einreisevisen waren damit allerdings nicht verbunden. Der britische Geheimdienst hatte von der Fahrt der »Struma« Wind bekommen und versuchte, die türkische Regierung zu zwingen, die Passage ins Mittelmeer zu unterbinden. Aber nicht einmal ins Marmarameer kam die alte Jacht. Bereits in Istanbul war Schluß. Ein Schaden an der Maschine beendete die Reise schon nach drei Tagen. Die Flüchtlinge durften in der Türkei nicht an Land gehen. »Entsetzlich« – so Wasserstein – nannten britische Marineexperten die Zustände auf dem Schiff: eine einzige Waschgelegenheit, eine kleine Küche, kein frisches Wasser, keine Nahrungsmittelvorräte, keine Krankenstation, einmal je Woche eine warme Mahlzeit, und das über einen Zeitraum von mehr als zwei Monaten.

Die türkische Regierung erklärte sich nicht zuletzt wegen dieser erbarmungswürdigen Mißstände schließlich bereit, dem Schiff die Weiterfahrt zu ermöglichen, wenn die britische Regierung verspreche, die Flüchtlinge in Palästina an Land gehen zu lassen. Aber: Der britische Botschafter in Ankara, Sir Hugh Knatchbull-Hugessen, erklärte, die Regierung seiner Majestät »wünscht diese Menschen nicht in Palästina«. Er fügte allerdings sinngemäß hinzu: Wenn es gar nicht anders gehe, möge die türkische Regierung das Schiff durch die Dardanellen fahren lassen. »Möglicherweise werden sie, wenn sie erst einmal Palästina erreicht haben, trotz ihrer Illegalität menschlich behandelt werden.«[44]

Nachdem Hugh Knatchbull die Regierung in London über diese Unterredung unterrichtet hatte, reagierte London mit »Bestürzung«. Wasserstein hat das Schreiben gefunden, das Lord Walter Edward Guinness Moyne, einer der höchsten Beamten im britischen Kolonialministerium, in dieser Angelegenheit ans Auswärtige Amt gerichtet hat. Ein bestürzendes Dokument im Gegensatz zu der Bestürzung in London nach dem Bericht des Botschafters aus Ankara[45].

44 Ebenda, S. 145.
45 Ebenda.

»Die Landung von weiteren 700 Flüchtlingen in Palästina wird nicht nur die Schwierigkeiten des Hohen Kommissars (Ihrer Majestät, d. V.) zusätzlich ungeheuer vergrößern . . ., sie wird außerdem beklagenswerte Folgen im gesamten Balkan haben, indem sie weitere Juden ermutigt, sich einzuschiffen . . . Wir haben guten Grund anzunehmen, daß diese Reise von der Gestapo unterstützt worden ist, und (unser, d.V.) Sicherheitsdienst hält es für außerordentlich wichtig, dem Einfluß der Nazis unter den Flüchtlingen vorzubeugen.«

Damit hatte aber die Politik des britischen Kolonialministeriums noch nicht ihren Höhepunkt erreicht. Am 27. Dezember 1941 teilte »die Regierung Ihrer Majestät« der türkischen Regierung mit, sie sehe keinerlei Veranlassung, die »Struma« nicht zurück ins Schwarze Meer zu jagen. Selbstverständlich hatten auch die Juden in Palästina längst von der Tragödie erfahren. Moshe Shertok von der Jewish Agency in Jerusalem betonte, es sei nicht ein einziger Fall bekannt, in dem ein jüdischer Flüchtling als feindlicher Agent in Palästina tätig geworden sei. Das American Jewish Joint Distribution Commitee, eine jüdische Organisation, die Flüchtlingen half, bot 6000 britische Pfund für die Landeerlaubnis der »Struma«-Flüchtlinge. Nichts konnte jedoch das Kolonialministerium umstimmen. Weder Geld noch flehentliche Bitten noch die Zustände auf dem Schiff bewirkten das mindeste. Schließlich erhielt das britische Außenministerium am 9. Februar 1942 von der türkischen Regierung die Nachricht, wenn nichts geschehe, sei beabsichtigt, das Schiff Mitte Februar dorthin zurückzuschicken, woher es gekommen sei – also in den sicheren Tod: die Beschlüsse der Wannsee-Konferenz waren unterdessen gefaßt worden. Weitere Versuche des britischen Kabinetts, einen Ausweg zu finden, scheiterten stets an Moyne. Er ließ sich immer wieder neue Argumente einfallen, um die Flüchtlinge von Palästina fernzuhalten, also zurück in die Fänge der Nazis zu jagen. Auch der Vorschlag, wenigstens »Struma«-Kinder zwischen 11 und 16 Jahren in Palästina aufzunehmen, scheiterte an Moyne. Dabei scheint niemand nach den Eltern dieser Kinder gefragt zu haben. Sie hätten gewiß alles getan, um ihre Kinder zu retten.

Die Tragödie jener mehr als 700 Juden aus Rumänien ging am 25. Februar 1942 zu Ende, mit dem Tode aller, außer David Stoliar. Er hat im Mai 1942 der Palästina-Polizei zu Protokoll gegeben, was er in jener Nacht erlebt hat. Was damals geschah, nachdem türkische Polizisten den Flüchtlingen an Bord mitgeteilt hatten, sie müßten zurück nach Rumänien, schilderte der einzige Überlebende der »Struma« mit diesen Worten[46]:

»Niemand von uns konnte Widerstand leisten, aber einige Passagiere protestierten und es kam zu Handgreiflichkeiten mit der Polizei, aber die Polizisten – es waren zwischen 100 und 200 – überwältigten sie. Das Schiff wurde etwa 10 Kilometer vor die Küste (von Istanbul, d. V.) geschleppt, dann gingen die Polizisten von Bord. Es war Nacht. Früh am Morgen, ich schlief noch, kam es zu einer Explosion . . . Als das Schiff zu sinken begann, war ich mit dem zweiten Kapitän zusammen. Wir sprangen beide ins Meer; er war nahe bei mir. Wie er mir erzählte, habe ein Torpedo die Explosion verursacht, das er gesehen habe. Das sei etwa 10 Kilometer vor der türkischen Küste gewesen. Ich sah die Küste und glaube, daß man von dort aus das Schiff auch sehen konnte. Niemand kam von der Küste, um uns zu helfen. Der zweite Kapitän, der mit mir im Meer war, ging etwa eine Viertelstunde, ehe ein Rettungsboot kam, unter.«

Stoliar hat etwa 25 Stunden auf seine Rettung warten müssen, und das in Sichtweite der türkischen Küste. Wegen des großen Aufsehens und der intensiven Kontakte mit der britischen Regierung darf man davon ausgehen, daß der Untergang der »Struma« auch von offiziellen türkischen und britischen Vertretern beobachtet worden ist. Denn wenn ein Schiff wie die »Struma« nach zwei Monaten endlich ausläuft, kurz danach explodiert und sinkt, ist dies selbstverständlich auch ein politischer Vorgang. Ob das Schiff tatsächlich von einem Torpedo getroffen, auf eine Mine gelaufen und explodiert oder wegen seines allgemeinen miserablen Zustandes gesunken ist, kann nicht mehr geklärt werden.

Gewiß, die rumänische Regierung als Verbündeter Hitlers

46 Ebenda, S. 152.

hatte den Nazi-Terror gegen die Juden in ihrem Land unterstützt und sich geweigert, die Flüchtlinge wieder aufzunehmen. Dies hätten die »Struma«-Passagiere aber auch gar nicht gewollt, weil es ihren Tod bedeutet hätte. Die Türkei war neutral, aber nicht stark genug, dem Druck aus London zu widerstehen und das Schiff durch die Dardanellen in Richtung Palästina fahren zu lassen.

Die Hauptverantwortung für die todbringende Haltung treffen indes sowohl das Außen- wie das Kolonialministerium in London, und hier speziell den Hochkommissar für Palästina, Sir Harold McMichael, sowie den mehrfach erwähnten Lord W. E. G. Moyne. Die wichtigsten Mitglieder des Kabinetts, also Winston Leonard Spencer Churchill als Premier- und Verteidigungsminister, sowie Außenminister Robert Anthony Eden mußten sich zu jener Zeit auf die Folgen der Eroberung von Singapur durch japanische Landstreitkräfte konzentrieren. Am 15. Februar 1942 waren dort 60 000 britische Soldaten in japanische Gefangenschaft geraten. Um so größere Verantwortung für den Tod jener mehr als 700 rumänischen Juden hatten eben McMichael und Moyne zu tragen. Juden in aller Welt sahen voller Verachtung auf die beiden Männer. McMichael entging im August 1944 mit knapper Not einem Attentat, Moyne kam bei einem Anschlag auf ihn im November 1944 in Kairo ums Leben.

Das Opfer der Flüchtlinge auf der »Struma« blieb allerdings nicht ganz ohne positive Folgen. In Großbritannien begann nach der Katastrophe eine breite Diskussion über die Haltung der Regierung gegenüber den Juden – freilich nur gegenüber jenen, die sich in die Türkei retten konnten und weiter nach Palästina wollten. Sie sollten nun nicht mehr grundsätzlich zurückgeschickt werden. Wasserstein stellt zu Recht fest, daß es sich bei der neuen Haltung des Kolonial- und des Außenministeriums mehr um Augenauswischerei als um wirkliche Hilfsbereitschaft handelte. So gelang im gesamten Jahr 1943 – die »Struma«-Katastrophe wirkte in der Öffentlichkeit noch immer nach – lediglich 1200 Juden aus Bulgarien, Rumänien und Ungarn die Flucht über die Türkei nach Palästina. Die großzügigere Behandlung geflohener Juden durch die britische

Regierung konnte allerdings jederzeit widerrufen werden. Darauf war nach der »Struma«-Katastrophe ausdrücklich aufmerksam gemacht worden. Und als im Frühjahr und im Sommer 1944 vor allem Flüchtlinge aus Ungarn sich über die Türkei retten wollten, wurde im Oktober 1944 die großzügige Haltung wieder durch eine harte Linie ersetzt. Das Kolonialministerium teilte der Jewish Agency offiziell mit[47], wegen der veränderten Lage auf dem Balkan sei die Zusage vom Juli 1943, »daß künftig allen Juden, ob erwachsen oder Kinder, denen die Flucht in die Türkei gelungen ist, der Weitertransport nach Palästina möglich sei, nunmehr zurückgezogen«.

Die ersten Vorschläge an die britische Regierung, die Vernichtungslager zu bombardieren, kamen von der polnischen Exilregierung in London. Das war im Spätsommer 1943, also lange vor den Massenmorden an den ungarischen Juden. Am 24. August 1943 teilte die Exilregierung der polnischen Untergrundarmee mit[48]: »Der britische Stab hat seine Bereitschaft bekundet, Auschwitz zu bombardieren, besonders die Fabriken für synthetisches Gummi und Benzin sowie andere Anlagen dieser Art in Schlesien. Wir würden (diese Angriffe) gern verbunden sehen mit einer Massenbefreiung von Auschwitz-Häftlingen. Umfassende Mitarbeit ist erforderlich, um sie unmittelbar nach dem Angriff zu befreien und ihnen Hilfe zu sichern. Davon abgesehen müssen Sie uns helfen, die Ziele zu bestimmen, und zwar in bezug auf ihre Bedeutung sowie um die Flugzeuge zu den Zielen zu leiten, damit es nicht zu polnischen Verlusten kommt. Teilen Sie uns mit, was Sie davon halten und was Sie von uns erwarten, sowie ob Sie die Häftlinge vorwarnen können. Die Operation ist für die Zeit der längsten Nächte geplant!«

Wasserstein weist darauf hin, daß es zu jener Zeit schwierig gewesen wäre, von britischen Flughäfen aus Auschwitz zu erreichen. Bei meinen Nachforschungen in den USA habe ich mit Hilfe von Lawrence S. Leshnic einen amerikanischen Piloten gefunden, der in dieser Hinsicht andere Erfahrungen

47 Ebenda, S. 340.
48 Ebenda, S. 308.

gemacht hat. Es ist Charles Bachman, der in New York eine Druckerei besitzt, in White Plaines wohnt und den ich dort besucht habe. Bachman erklärte am 9. November 1979 im WDR[49] in der Sendung »Kritische Chronik« auf meine Frage: »Konnte man mit diesen Maschinen auch bis nach Auschwitz, also bis nach Polen, fliegen?«

»Das ist gar keine Frage. Man hätte solche Ziele in Polen erreichen können. Wir konnten 10 bis 12 Stunden fliegen. Damit allein hätten wir Auschwitz erreichen können. Aber davon abgesehen: Am Anfang des Krieges flog die 8. US-Luftflotte von England aus nach Moskau; dann hat man in Moskau wieder aufgetankt und ist zurückgeflogen. Auf diese Weise hätte man Auschwitz ohne weiteres erreichen können.«

Ob Moskau auch im Jahre 1943 noch bereit war, westalliierte Flugzeuge zwischenlanden zu lassen, wird in anderem Zusammenhang erörtert werden. Um nur dies hier vorwegzunehmen: Auch die Rolle der sowjetischen Regierung gegenüber den Opfern des Holocaust ist alles andere als rühmlich.

Bachman kann jedenfalls aus eigener Erfahrung beweisen, daß auch schwere Bomber zu jener Zeit Auschwitz hätten erreichen können. Was nun die Verbindungen zu den Häftlingen in Auschwitz und zur polnischen Exilregierung betrifft, so hat in der erwähnten Dokumentation des WDR vom 9. November 1979 einer der besten Kenner der Geschichte von Auschwitz Stellung genommen. Es ist Hermann Langbein, selbst Auschwitz-Häftling, seit vielen Jahren Sekretär des Internationalen Lagerkomitees mit Sitz in Wien und Verfasser wissenschaftlicher Werke über Auschwitz. Langbein antwortete auf meine Frage, ob Häftlinge um Bomben auf Auschwitz gebeten hätten[50]:

»Dieses Problem ist von uns vor allem in der Zeit nahegelegt worden, als die Alliierten schon in der Normandie gelandet waren; denn in dieser Zeit hatten die Flugzeuge bestimmt die Möglichkeit, die Gegend von Auschwitz, Oberschlesien usw.

49 WDR-HF-Archiv.
50 Ebenda.

zu erreichen. Es gab damals auch Bombardierungen in der Umgebung. Wir hatten einen Weg zur polnischen Geheimorganisation in Krakau, die wiederum den Weg zur polnischen Exilregierung in London hatte. Und in dieser Zeit hat die Widerstandsbewegung, der ich angehört habe, den Alliierten den dringenden Rat gegeben, Auschwitz und vor allem die Bahnlinien, die nach Auschwitz und zu den Vernichtungsanlagen führten – sie waren am Ende von Auschwitz deutlich sichtbar, weil es große Bauten waren –, zu bombardieren, um die Vernichtung zumindest zu erschweren. Wir haben sogar Pläne hinausgeschickt, in denen die Krematorien und Gaskammern eingezeichnet waren, hinausgeschickt, damit sich die Flugzeuge danach orientieren könnten.«

Doch nicht erst nach der Landung der Alliierten in der Normandie am 6. Juni 1944 hätten britische und vor allem amerikanische Bomber Auschwitz erreichen können. Nach dem Beschluß der Konferenz von Casablanca vom 14. bis 26. Januar 1943 stand fest, daß Europa auch von Süden her vom Nazi-Joch befreit werden sollte. In jener Stadt in Marokko hatten der amerikanische Präsident Roosevelt und der britische Premierminister Churchill beschlossen, die Landung auf der Insel Sizilien unter dem Stichwort »Husky« vorzubereiten. Am 10. Juli 1943 war es so weit. An jenem Tage gingen auf dieser italienischen Insel die 8. britische und die 7. amerikanische Armee an Land. Knapp einen Monat später, am 17. August 1943, befand sich die gesamte Insel in alliiertem Besitz. Im September folgte der Sprung auf das italienische Festland. Am 9. September 1943 landete die 5. US-Armee bei Salerno, während bereits am 3. September die 8. britische Armee an der Südspitze von Kalabrien an Land gegangen war. Der Führer der italienischen Faschisten, Benito Mussolini, war schon am 25. Juli angesichts des nicht mehr aufzuhaltenden Zusammenbruchs des »Stahlpaktes« zurückgetreten. In Italien herrschte das Chaos. Deutsche Einheiten wurden nicht nur gegen alliierte Landearmeen eingesetzt, sie mußten auch italienische Einheiten entwaffnen, weil aus den Verbündeten plötzlich Gegner geworden waren. Am 10. September 1943 befreiten britische und amerikanische Streitkräfte Rom. Nun standen zahlreiche italienische Flugplätze für Flüge nach Auschwitz zur Verfügung. Doch die Häftlinge warteten vergebens. Auch Hermann Langbein, der dazu in der WDR-Sendung am 9. November 1979 sagte[51]:

»Ich kann natürlich nicht für alle Häftlinge sprechen. Kein Mensch kann für alle sprechen. Ich kann nur sagen, daß wir in meinem Kreis auf die Bombardierung gewartet und gehofft haben, daß bombardiert wird. Nicht weil wir dachten, wir kommen bei der Bombardierung heil davon; wir hatten keine sehr große Hoffnung, selbst zu überleben. Wir wären aber dankbar gewesen, wenn man der SS ihre Vernichtungsaktionen erschwert und sie auf dem Wege des Bombardements vielleicht auch dezimiert hätte.«

Dennoch, die britische Regierung konnte sich nicht dazu entschließen, den Befehl zum Angriff zu geben, und war auch nicht zu Vergeltungsschlägen aus der Luft auf deutsche Städte wegen der Massenmorde vor allem an Polen und Juden bereit. Die wichtigsten Bedenken waren:

1. Die Nazis würden dann noch mehr Polen und Juden ermorden;

2. die Reichsregierung könnte in diesem Fall von der britischen Regierung verlangen, die Luftangriffe auf deutsche Industriebetriebe und Städte für den Fall einzustellen, daß die Massenmorde nicht fortgesetzt werden.

Unterstellt man, wie Wasserstein es tut, daß jenes Telegramm der polnischen Exilregierung in London vom 24. August 1943 an die polnische Untergrundarmee keine reale Grundlage gehabt hat, so sind Angriffe auf Auschwitz im britischen Kabinett erst im Sommer 1944 konkret erörtert worden. Den Anlaß dazu hat offenbar der sowjetische Regierungschef Joseph Stalin selbst geliefert. Er soll britischen und amerikanischen Luftstreitkräften während des Aufstandes in Warschau im Sommer 1944 jegliche Landerechte verweigert haben. Dies hat Winston Churchill jedenfalls in Band VI seiner Erinnerungen festgehalten, und nichts spricht gegen diese Behauptung. Im Gegenteil: Ein düsteres Kapitel sowjetischer Geschichte

---

51 Ebenda.

während des Zweiten Weltkrieges betrifft genau diesen Punkt.

Massive Versuche, die britische Regierung zu Luftangriffen auf die Vernichtungslager zu veranlassen, unternahm die Jewish Agency im Sommer 1944, vermutlich auch wegen des Berichts von Vrba und Wetzler. Am 6. Juli 1944 empfahlen zwei Vertreter dieser Organisation dem britischen Außenminister Anthony Eden, die Bahnlinien von Budapest nach Auschwitz sowie nach Birkenau und anderen Vernichtungslagern zu bombardieren. Vom 1. Juli 1944 stammt ein Vorschlag von Moshe Shertock von der Jewish Agency ans britische Außenministerium mit fünf Punkten für Bombenangriffe auf Auschwitz[52]:

»1. Die Alliierten würden damit zeigen, daß sie nun auch Krieg gegen die Ausrottung von Völkern führten.

2. Man würde unübersehbar die gerade von Nazis oft aufgestellte Behauptung widerlegen, die Alliierten seien gar nicht sonderlich unglücklich darüber, daß die Nazis Europa ›judenfrei‹ machten.

3. Es würden endlich auch bei Alliierten unverändert bestehende Zweifel an diesen Massenmorden beseitigt, oder anders ausgedrückt: mit der Bombardierung von Auschwitz würden die Alliierten zeigen, daß sie glaubten, was viele Zeugen über die Massenmorde berichtet hatten.

4. Angriffe würden auch die Drohung der Alliierten unterstreichen, die Massenmörder zur Verantwortung zu ziehen und damit die SS-Verbrecher vielleicht unsicher machen.

5. Es würde die letzte Hoffnung deutscher Kreise auf alliierte Nachsicht zerstört.

Außenminister Eden und Premierminister Churchill wünschten ausdrücklich, die Vorschläge der Jewish Agency eingehend zu prüfen, da sie von der Notwendigkeit, etwas zu tun, überzeugt waren. Eden teilte dies Sir Archibald Sinclair vom Luftwaffenministerium am 7. Juli 1944 schriftlich mit[53]. Wasserstein hat die Antwort Sinclairs an Eden gefunden; sie trägt das Datum 15. Juli 1944:

52 Bernhard Wasserstein, a. a. O., S. 310.
53 Ebenda, S. 311.

»Ich teile die Auffassung, daß es unsere Pflicht ist, jeden nur möglichen Plan zu prüfen, um Hilfe zu bringen. Ich habe deshalb untersucht

a) Unterbrechung der Bahnlinien,

b) Vernichtung der Vernichtungsanlagen,

c) andere Störungen in den Lagern.

Ich weiß, daß a) unsere Möglichkeiten übersteigt. Es ist nur zu verwirklichen durch eine gewaltige Konzentration von Bombern, mit denen wir die Verbindungslinien in der Normandie unterbrochen haben; die Entfernung zwischen Schlesien und unseren Luftstützpunkten schließt dergleichen völlig aus.

Die Bombardierung der Vernichtungsanlagen liegt außerhalb der Möglichkeiten der Bomberkommandos, da die Entfernung für Nachtangriffe zu groß ist. Vielleicht können es die Amerikaner bei Tageslicht, aber es wäre ein kostspieliges und gewagtes Unternehmen. Es wäre auch wirkungslos; selbst wenn die Vernichtungsanlagen zerstört würden, bin ich mir nicht sicher, ob das den Häftlingen helfen würde.

Es gibt nur eine Möglichkeit, und das sind Bombenangriffe auf die Lager, wobei möglichst gleichzeitig Waffen abgeworfen werden sollten, in der Hoffnung, daß einige Häftlinge fliehen können. Wir haben dergleichen in Frankreich getan, als wir eine Bresche in die Umzäunung eines Gefangenenlagers bombten, und wir denken, daß 150 zum Tode verurteilte Männer fliehen konnten. Die Schwierigkeiten, dergleichen in Schlesien zu tun, sind selbstverständlich ungleich größer, und selbst wenn das Lager erfolgreich bombardiert werden würde, wäre die Chance zum Fliehen tatsächlich recht klein.

Ungeachtet dessen schlage ich vor, die Empfehlung an die Amerikaner weiterzuleiten, und zwar mit allen Tatsachen, um zu erfahren, ob sie darauf vorbereitet sind, etwas zu versuchen. Ich habe da allerdings erhebliche Zweifel, ob sie es nach einer Prüfung für möglich halten, und ich möchte da keinerlei Hoffnungen wecken. Deshalb, und weil es nicht fair wäre, den Eindruck zu erwecken, wir hätten (die Vorschläge, d. V.) unterstützt, doch die Amerikaner wären nicht willens zu helfen, glaube ich zu wissen, daß die Möglichkeiten gegenüber Wisman (von Jewish Agency) in diesem Stadium nicht erwähnt werden sollten. Das Ergebnis werde ich Ihnen mitteilen, wenn die Amerikaner die Angelegenheit überprüft haben.«

»Die Amerikaner« – das war nicht zuletzt John McCloy im Verteidigungsministerium in Washington und in dieser Funktion gleichzeitig Mitglied und Verbindungsmann zum Kriegsflüchtlingsausschuß. Die Züge mit ungarischen Juden rollten währenddessen ungehindert nach Auschwitz.

Das Problem präziser Bombardements

Daß zumindest die US-Air Force in der Lage war, Ziele auch östlich von Birkenau anzugreifen, ist belegt. Sinclairs Antwort an Außenminister Anthony Eden enthält bereits den Hinweis darauf, daß präzise Angriffe möglich waren. Immerhin ist in Frankreich etwa 150 zum Tode verurteilten Gefangenen die Flucht dadurch ermöglicht worden, daß in eine Gefängnismauer eine Bresche gebombt worden ist. Es handelte sich bei dem Angriff um die sogenannte »Operation Jericho« vom 18. Februar 1944 auf ein Gefängnis in Amiens, in dem französische Widerstandskämpfer auf ihre Hinrichtung warteten.

Nachdem David Wyman im Mai 1978 in der Zeitschrift »Commentary« seine Studie »Why Auschwitz Was Never Bombed« veröffentlicht hatte, erhielt die Redaktion Leserbriefe. Einige von ihnen wurden in der Juli-Ausgabe abgedruckt. Lawrence H. Blum aus Beaumont in Texas, aus dessen Schreiben nicht hervorgeht, woher er seine Kenntnisse hat, stellte damals fest[54], Wyman habe einen »entscheidenden Punkt« außer acht gelassen:

»Luftangriffe waren während des Zweiten Weltkrieges einfach nicht so genau zu führen, wie die Air Force-Propaganda der Zivilbevölkerung weiszumachen versuchte – punktuelle Treffer waren mehr ein Zufall als Absicht. Deshalb wäre es außerordentlich schwierig gewesen, die Gaskammern zu zerstören, die so nahe bei jenen Menschen standen, die wir zu befreien versuchten: Nichtsdestoweniger wäre es möglich gewesen.«

54 Commentary, Juli 1978, S. 7.

Milt Groban aus Glencoe in Illinois war Radarpilot bei der 15. US-Luftflotte in Italien. Auch er erklärte in einem Brief an »Commentary«[55], präzise Bombardements seien damals nicht möglich gewesen.

Während meiner Nachforschungen in den USA habe ich auch mit David Wyman über dieses Problem gesprochen. Auf meine Frage, wie es denn nun tatsächlich mit Präzisionsbombardements im Jahre 1944 bestellt gewesen sei, antwortete er – Lawrence S. Leshnik hat wörtlich übersetzt:

»Es ist sehr fragwürdig, ob die schweren Bomber das hätten erreichen können, aber mit Sicherheit ist zu sagen, daß ein Sturzkampfbomber vom Typ P 38 mit Genauigkeit hätte bombardieren können. Außerdem kann man sagen, daß die Gaskammergebäude so groß waren, daß man sie auch mit den schweren Bombern hätte treffen können.«

Charles Bachman gehörte zur Besatzung einer P 38. Als ich ihn im August 1979 in White Plains am Rande von New York zusammen mit Lawrence S. Leshnik besuchte, zeigte er uns eine Urkunde, die ihm für einen Angriff auf eine deutsche U-Boot-Station verliehen worden war – für einen Präzisionsangriff.

»Ich war Pilot der Luftwaffe, stationiert in Harford, England.«

»Was waren das für Flugzeuge?«

»Wir haben schwere Bomber geflogen wie die JU 88 der deutschen Luftwaffe.«

»In welcher Zeit war das, von wann bis wann?«

»Ich war dort von Juli 44 – das war nach der Landung in Europa – bis zum Ende des Krieges. Ich habe insgesamt 23 schwere Bombenangriffe geflogen: auf Berlin, Münster, Nürnberg, Köln – ich bin sicher, die Leute erinnern sich daran in jener Gegend.«

»Konnten Sie mit diesen Bombern präzise Ziele vernichten?«

»Ja, man konnte präzise bombardieren. Unsere Einheit ist

55 Ebenda, S. 10 f.

sogar ausgezeichnet worden für die Bombardierung eines Zieles in Wilhelmshaven. Wir konnten präzise bombardieren, indem wir in der doppelten Pfeilformation flogen. Das heißt: drei Maschinen oben und noch einmal drei in der gleichen Formation darunter. Indem man so zusammenflog, hatte es die Wirkung, daß man alle Bomben ziemlich zur gleichen Zeit auf dieselbe Stelle bringen konnte.«

Einen jedermann zugänglichen Beweis für die Tatsache, daß die US-Air Force fast auf den Meter genau Ziele treffen und verschonen konnte, liefert fast jeder Bildband über den Luftkrieg gegen Nazi-Deutschland. Die Kölner Innenstadt war bei Kriegsende ein Trümmerhaufen. Mitten in den Ruinen jedoch stand der Dom, beschädigt von ungezählten Bombensplittern, aber eben nicht zerstört. Dies war den Bomberpiloten ausdrücklich befohlen worden: der Dom bleibt stehen. Keine Frage: Die westalliierten Luftstreitkräfte hätten die Gaskammern und Krematorien vernichten können.

Die Gefährdung von Häftlingen

Während der Diskussionen um Angriffe auf Birkenau ist sowohl in London als auch in Washington die Frage gestellt worden, ob auch Häftlinge in Lebensgefahr kommen könnten. Daß dies keineswegs auszuschließen war, mußte jedem klar sein. Der Bericht von Vrba und Wetzler lieferte dafür endgültige Klarheit, denn zumindest jene Gefangenen, die an den Krematorien und Gaskammern eingesetzt waren, befanden sich in unmittelbarer Lebensgefahr.

Man hat auch darüber gesprochen, wie solche Angriffe propagandistisch vorbereitet werden müßten. Im Sommer 1942 schlug der Oberkommandierende der polnischen Streitkräfte bei der Exilregierung in London, General Wladyslaw Sikorski, Premierminister Winston Churchill in einem Memorandum vor, als Vergeltung für die Massenmorde drastische Maßnahmen gegen deutsche Staatsangehörige in alliierten Ländern zu ergreifen und eine große Zahl von nicht-militärischen Zielen in Deutschland zu bombardieren[56].

Solche Angriffe, so Sikorski, »würden zweifelsfrei die Deutschen davon abhalten, ihre Politik des Terrors fortzusetzen«. Ob die Einschätzung des polnischen Generals realistisch war, muß bezweifelt werden – jedenfalls zu jener Zeit.

Im Sommer 1942 konnte von deutschen Niederlagen noch nicht die Rede sein.

Am 2. Juli 1942 wird die Festung Sewastopol genommen. Damit fällt die Halbinsel Krim in deutsche Hand. Am 7. Juli gelingt es, einen Brückenkopf über den Don zu schlagen. Am

---

56 Wasserstein, a. a. O., S. 306.

24. Juli erreichen deutsche Panzerverbände die westliche Stadtgrenze von Stalingrad. Am 9. August werden die Ölfelder von Maikop und Pjatigorsk im Kaukasus besetzt.

Im Seekrieg vor allem auf dem Atlantik erleiden die Alliierten ständig steigende Verluste. Am 18. August scheitert ihr Versuch, bei Dieppe zu landen.

Auch in Afrika stehen die deutschen Verbände vor ihren größten Erfolgen. Am 21. Juni kapitulieren die britischen Verbände in der Festung Tobruk. 25 000 Soldaten geraten in deutsche Gefangenschaft. Der Umschwung beginnt auf diesem Kriegsschauplatz erst am 23 Oktober 1942 mit der Offensive »Lightfoot« unter dem britischen Feldmarschall B. Montgomery.

Was den Luftkrieg angeht, so haben die Alliierten zu jener Zeit noch keineswegs die Kontrolle über Europa erkämpft. Konzentrierte Schläge auch gegen nicht-militärische Ziele sind häufig mit schweren Verlusten verbunden.

Im Januar 1943 schlug die polnische Exilregierung erneut Angriffe dieser Art vor – ebenfalls ohne Erfolg. Ob zu jener Zeit die deutsche Bevölkerung so reagiert hätte, wie das polnische Exilkabinett es erwartete, ist zweifelhaft. Anfang 1943 stand die deutsche Katastrophe von Stalingrad unmittelbar bevor. Am 2. Februar mußte der Rest der 6. Armee kapitulieren. Die größte deutsche Niederlage seit Beginn des Krieges leitete zugleich die Niederlage schlechthin ein.

Die Widerstandskraft der Zivilbevölkerung trotz des zunehmenden Luftkrieges war indes keineswegs gebrochen. Sie bestand entgegen alliierten Erwartungen bis zur Kapitulation. Die Vernichtung nicht-militärischer Ziele hätte also vermutlich nicht den Erfolg gebracht, den Sikorski erwartete.

Doch hätte es eine andere Möglichkeit gegeben, die deutsche Öffentlichkeit auf die Massenverbrechen aufmerksam zu machen. Sowohl an der Ost- als auch an der Westfront haben die Verbündeten mit Flugblättern erhebliche Verwirrung unter den deutschen Verbänden erreicht. So wurde freies Geleit jedem deutschen Wehrmachtsangehörigen zugesichert, der sich mit einem entsprechenden Flugblatt als Überläufer meldete.

Nachdem die Alliierten von den Massenmorden erfahren hatten, hätten sie ohne die geringsten Schwierigkeiten die deutsche Bevölkerung eben mit Flugblättern darüber unterrichten können. Zwar hatte vor allem der britische Rundfunksender BBC zu jener Zeit längst Sendungen über jene Verbrechen verbreitet. Das Abhören von »Feindsendern« war aber gefährlich und nicht jedermanns Sache. Flugblätter indessen hätten gelesen und danach – einer Vorschrift entsprechend – abgeliefert werden können.

Von dieser Möglichkeit haben die Alliierten freilich keinen Gebrauch gemacht. Dadurch begaben sie sich auch der Chance, der deutschen Öffentlichkeit zu erklären, daß bei Angriffen etwa auf Auschwitz Häftlinge zu Tode kommen könnten. Die Gefangenen in Auschwitz allerdings hatten diese Gefahr längst erkannt und waren bereit, sie in Kauf zu nehmen.

Bahnlinien oder Gaskammern?

Bei der Erörterung der Frage, wie der Massenmord in Auschwitz im Sommer 1944 hätte gestoppt oder zumindest unterbrochen werden können, müssen zwei Möglichkeiten untersucht werden: Angriffe auf die Bahnlinien, Brücken und Eisenbahnknotenpunkte zwischen Ungarn und Auschwitz oder direkt auf die Gaskammern und Krematorien – das war die Alternative. Für die Zerstörung von Streckenabschnitten sprach, daß dabei das Leben von Häftlingen nicht gefährdet worden wäre. Die Westalliierten hatten im Laufe des Krieges große Erfahrungen mit Angriffen dieser Art gesammelt. Luftangriffe auf deutsche Städte wurden häufig deshalb geflogen, weil dadurch auch wichtige Rangier- und Umschlagzentren der Deutschen Reichsbahn zerstört werden konnten und wurden. Ähnliches gilt für Eisenbahnbrücken. Im Fall Auschwitz wären solche Angriffe allerdings vermutlich nur von begrenztem Wert gewesen. Denn nicht zuletzt durch Erfahrungen aus dem Luftkrieg waren Reparaturtrupps der Reichsbahn sowie Einheiten der »Organisation Todt« und Pioniere der Wehrmacht in der Lage, Bahnstrecken binnen kürzester Fristen wieder instand zu setzen.

Tatsächlich sind Bahnlinien zwischen Ungarn und Auschwitz mehrfach unterbrochen worden – freilich nicht durch Luftangriffe, sondern durch polnische Partisanen. Darauf hat der Direktor des Staatlichen Museums Auschwitz, Kazimierz Smoleń, in einem Brief hingewiesen, in dem er auf meine Frage nach Angriffen auf Auschwitz antwortete. Smoleń schrieb[57]:

57 Archiv d. Verf. AZ Państwowe Muzeum Oświecim Brzezinka, I-8523/9/256/79.

»1944 haben Partisanen in der Nähe von Auschwitz etliche Male die Strecke in die Luft gesprengt, nur haben deutsche Eisenbahner sie sofort in Ordnung gebracht.«

An dieser Stelle sei ein kleiner Exkurs gestattet: Ob jene Eisenbahner wußten, daß sie mit der Instandsetzung Beihilfe zum Mord leisteten, ist niemals geklärt worden und wird wohl auch nicht mehr geklärt werden können. Daß Angehörige der Deutschen Reichsbahn ganz wesentlich die Massenmorde – und zwar nicht nur in Auschwitz – ermöglicht haben, steht indes außer Zweifel. Besonders deutlich wird dies bei den Vernichtungslagern Treblinka, Belzec und Sobibor. Die Güterzüge mit den wehrlosen Opfern rollten vollgepfercht an die Rampen, wo Kinder, Frauen, Männer wie Vieh ausgeladen und zu Tausenden unmittelbar nach Ankunft vergast wurden. Dies müssen die Leute von der Reichsbahn nicht gewußt haben. Sie hätten aber fragen können, wo jene Menschen blieben.

Ein Versuch, Licht in dieses üble Kapitel Reichsbahn und Holocaust zu bringen, ist im Jahre 1973 in Düsseldorf gescheitert. Damals stand der Staatssekretär des Reichsverkehrsministeriums, Dr. Albert Ganzenmüller, vor einem Schwurgericht – angeklagt der Beihilfe zum Massenmord. Daß es zu jenem Strafverfahren gekommen ist, war dem Justizminister von Nordrhein-Westfalen, Dr. Dr. Josef Neuberger, sowie Oberstaatsanwalt Alfred Spieß zu verdanken. Der Prozeß hatte am 10. April 1973 begonnen, mußte aber am 3. Mai 1973 unterbrochen und schließlich eingestellt werden. Der Angeklagte Ganzenmüller war nämlich plötzlich infolge eines Herzleidens verhandlungsunfähig, und zwar unmittelbar nachdem die Staatsanwaltschaft massiv belastende Dokumente und Zeugenaussagen präsentiert hatte. Wäre der Ganzenmüller-Prozeß zu Ende geführt worden, hätte auch die Beteiligung der Reichsbahn am Holocaust dargestellt werden können. Denn Ganzenmüller war es, der selbst im Jahre 1944 Himmler und Eichmann Güterzüge für die Deportationen von Ungarn nach Auschwitz zur Verfügung gestellt hat – in einer Zeit, da jeder Waggon und jeder Eisenbahner dringend für militärische Zwecke benötigt wurden.

Zurück zu den Eisenbahnstrecken: Auch David Wyman hat das Problem untersucht. Er ist zu dem Ergebnis gekommen, daß es für die Alliierten ein leichtes gewesen wäre, die Bahnlinien zu zerstören[58]. Er weist nach, daß zwischen Juli und Oktober 1944 die US-Air Force an zehn verschiedenen Tagen insagesamt 6600 Tonnen Bomben nach Auschwitz geflogen hat. Als Leitlinien dienten den zusammen 2700 Bombenflugzeugen auf ihren Flügen nach Auschwitz-Blechhammer auch Bahnstrecken. Sie halfen bei der Orientierung. Im September und Oktober haben westalliierte Flugzeuge zudem Linien nach Budapest angegriffen und zerstört, um der Roten Armee den Vormarsch auf Budapest zu erleichtern, indem der deutsche Nachschub behindert wurde. Angriffe auf Bahnverbindungen hätten langfristig allerdings nur dann Wirkung gezeigt, wenn die Bombardierungen in kurzen Abständen wiederholt worden wären. Die Instandsetzung – so auch Wyman – nahm nämlich stets nur wenige Tage in Anspruch.

Zeitlich mit den Deportationszügen zusammenfallende Schläge aus der Luft müssen hingegen aus zwei Gründen ausgeschlossen werden. Einmal hätten die Alliierten genau wissen müssen, wann Transporte aus Ungarn unterwegs waren. So gut war aber auch der amerikanische Geheimdienst nicht unterrichtet. Es hätte außerdem einen viel zu großen Aufwand bedeutet, davon abgesehen, daß auch das Wetter berücksichtigt werden mußte. Bei schlechtem Flugwetter wäre das Risiko vermutlich viel zu groß gewesen. Angriffe auf die Deportationszüge selber kamen überhaupt nicht in Frage, weil die Gefahr für die Häftlinge viel zu groß gewesen wäre.

Und nicht zuletzt muß die allgemeine Kriegslage in Betracht gezogen werden. Die USA und Großbritannien hatten zwar in Nordfrankreich Fuß gefaßt, aber damit war die Entscheidung noch nicht gefallen. Ihr Hauptaugenmerk mußte auf diesem Kriegsschauplatz bleiben. In jener Zeit – und zwar bis zum 8. Juli 1944 – verschleppten die Nazis 450 000 Juden aus Ungarn nach Auschwitz – binnen 55 Tagen. Nach dem 8. Juli wurden die Deportationen eingestellt. Von diesem Tage an

58 Wyman, a. a. O., S. 43.

brauchte nicht mehr über die Zerstörung der Bahnlinien von Ungarn nach Auschwitz diskutiert zu werden.

Die Vernichtung der Gaskammern und Krematorien blieb aber weiter so aktuell wie lebensnotwendig – jedenfalls für die Häftlinge. In der Antwort des Direktors des Staatlichen Museums Auschwitz auf meine Frage nach Unterlagen in Sachen Bombardierung von Auschwitz hat Kazimierz Smoleń auch zum Problem der Vernichtung der Gaskammern und Krematorien Stellung genommen. Er schrieb[59]:

»Praktisch konnte die SS die bombardierten Gebäude in Birkenau sofort wiederaufbauen. Unter den technischen und materiellen Voraussetzungen war die SS in der Lage, sofort genügend Menschen und Material zu besorgen.«

Smoleń ist in bezug auf die Menschen fraglos zuzustimmen. Arbeitssklaven standen in unbegrenzter Zahl zur Verfügung. Ob dies auch für das Baumaterial zutrifft, erscheint mir indessen zweifelhaft. Zur Technik der Massenmorde stellte Smoleń in seinem Brief fest[60]: »Wie bekannt, hat man in Auschwitz Menschenmassen in ganz primitiven Gaskammern umgebracht, und zwar im sogenannten ›Weißen Häuschen‹ und im ›Roten Häuschen‹. Man hat auch Leichen im Freien verbrannt.«

Beides trifft zu. Dennoch teile ich die Auffassung von Hermann Langbein, daß es im Sommer und Herbst 1944 schwierig gewesen wäre, genug Baumaterial nach Auschwitz zu bringen. Als einer der Gründer des Internationalen Auschwitz-Komitees und Sekretär des Internationalen Lagerkomitees sagte Langbein in der WDR-Sendung vom 9. November 1979[61]:

»Ich glaube nicht, daß es so leicht möglich gewesen wäre, diese großen Gaskammern und Krematorien zu rekonstruieren. Der Bau der Gaskammern dauerte seinerzeit mit dem Bau der Krematorien Monate. Das war im Winter 1942/Frühling 1943, als die Verkehrsverhältnisse und die Materiallage noch anders waren. Ich glaube sogar, daß es nicht möglich gewesen wäre, die Massenvernichtung der ungarischen Juden – die größte

---

59 Archiv des Verfassers, a. a. O.
60 Ebenda.
61 WDR-HF-Archiv.

Aktion überhaupt – in der Schnelligkeit und in dem Ausmaß durchzuführen. Es wurden damals, ich glaube, in sechs Wochen mehr als 400 000 Menschen nach Auschwitz deportiert. Man hätte die Vernichtung nicht völlig verhindern, aber sie zumindest wesentlich verzögern und erschweren können. Das hat 1944 durchaus eine Rolle gespielt.«

Wie stabil die Vernichtungsanlagen gebaut waren, betont auch die polnische Historikerin Barbara Jarosz, die seit 1963 im Staatlichen Museum in Auschwitz forscht und zahlreiche Arbeiten über die Geschichte des Lagers veröffentlicht hat. In dem Sammelband »Auschwitz – Geschichte und Wirklichkeit des Vernichtungslagers« stellt sie fest[61a]:

»Gaskammern und Krematorien waren die solidesten Gebäude, die im Konzentrationslager Auschwitz-Birkenau errichtet worden waren. Mit dem bereits geplanten Krematorium VI, das alle bisherigen an Abmessungen und Leistungsfähigkeit übertreffen sollte, wiesen sie auf die weitere Entwicklung des Lagers hin. Um die Spuren der begangenen Verbrechen zu tilgen, wurden diese Gebäude von den Nazis in die Luft gesprengt. Bis heute aber sind ihre Betonruinen als mahnendes Denkmal für vier Millionen Opfer des faschistischen Völkermordes erhalten geblieben.«

Der Auschwitz-Häftling Miklos Nyiszli hat die Gaskammern und Krematorien in dem von H. G. Adler, Hermann Langbein und Ella Lingens-Reiner herausgegebenen Sammelband »Auschwitz – Zeugnisse und Berichte« eingehend beschrieben, und zwar aus eigener Anschauung[62]:

»Der Verbrennungssaal ist etwa hundertfünfzig Meter lang, ein heller Raum mit weißgetünchten Wänden und Betonboden. Vor den großen Fenstern sind starke Eisengitter. Die fünfzehn Verbrennungsöfen sind mit roten Ziegeln verkleidet . . .«

Ehe die Angehörigen des »Sonderkommandos« die im Gas erstickten Leidensgefährten jedoch in diesen Saal schleifen mußten, hatten die Opfer diesen Weg zu gehen[63]:

61a Rowohlt Taschenbuch Verlag GmbH, Reinbek bei Hamburg, Februar 1980, S. 141, Lizenzausgabe des Verlags Interpress, Warszawa.
62 Europäische Verlagsanstalt Frankfurt a. Main, S. 84 ff.
63 Ebenda.

»Die Häftlinge gehen etwa hundert Meter weit über den mit schwarzer Schlacke bestreuten Weg zwischen den Grasflächen. Dann kommen sie zu einem graugestrichenen Eisengitter und gelangen über zehn oder fünfzehn Betonstufen in eine große unterirdische Halle, die bis zu dreitausend Menschen faßt.

Am Eingang steht eine Tafel mit deutscher, französischer, griechischer und ungarischer Aufschrift: Bade- und Desinfizierungsraum. Dies klingt beruhigend und beschwichtigt das Mißtrauen und die Ängste auch derer, die den stärksten Verdacht hegen. Sie gehen beinahe fröhlich die Stufen hinunter.

In dem rund zweihundert Meter langen und grell erleuchteten Raum sind ein gutes Dutzend Bankreihen aufgestellt. Über den Bänken sind Haken angebracht, von denen jeder eine Nummer trägt. Zahlreiche Tafeln verkünden in allen Sprachen, daß Kleidungsstücke und Schuhe zusammengebunden an die Haken zu hängen sind. Man habe sich die Nummer seines Hakens zu merken, damit nach der Rückkehr aus dem Bad kein Durcheinander entsteht.«

Dann mußten die Männer, Frauen, Kinder sich nackt ausziehen.

»Jetzt öffnet die SS-Wache die zwei Flügel der Eichentür am Ende des Saales. Die Menge drängt in den nächsten Raum, der ebenfalls erleuchtet ist . . .

In der Mitte des Saales stehen im Abstand von jeweils dreißig Metern Säulen. Sie reichen vom Boden bis zur Decke. Keine Stützsäulen, sondern Eisenblechrohre, die überall durchlöchert sind.

Die Deportierten sind jetzt im Saal. Ein scharfer Befehl: ›SS und Sonderkommando raus!‹«

Danach kippen SS-Verbrecher vom Dach der Gaskammer Zyklon B in diese Eisenblechrohre.

»Nach zwanzig Minuten werden die elektrischen Entlüftungsapparate eingeschaltet, um die giftigen Gase zu vertreiben. Die Tore öffnen sich, und schon rollen Lastwagen heran. Männer vom Sonderkommando laden die Kleider und Schuhe auf . . .

Die modernen Saugventilatoren haben das Gas bald aus dem

Raum gepumpt. Nur zwischen den Toten ist es noch in kleinen Mengen vorhanden.

Noch nach zwei Stunden verursacht es einen erstickenden Reizhusten. Deshalb trägt das Sonderkommando, das jetzt mit Schläuchen hereinkommt, Gasmasken.

Wieder ist der Raum in grelles Licht getaucht, und es bietet sich ein grauenhaftes Bild . . .

Ineinander verkrallt, mit zerkratzten Leibern, aus Nase und Mund blutend, liegen sie da. Ihre Köpfe sind blau angeschwollen und bis zur Unkenntlichkeit entstellt. Trotzdem erkennen die Männer des Sonderkommandos häufig unter den Leichen ihre Angehörigen . . .

Eigentlich habe ich hier unten nichts zu suchen. Ich bin zu den Toten nur hinuntergegangen, weil ich mich meinem Volk und der Welt gegenüber verpflichtet fühle, als Augenzeuge die ganze grauenvolle Wahrheit über das Konzentrationslager Auschwitz und seine Krematorien berichten zu können – wenn ein unvorhergesehener Zufall dazu führen sollte, daß ich gerettet werde.

Das Sonderkommando in seinen Gummistiefeln stellt sich rings um den Leichenberg und bespritzt ihn mit einem starken Wasserstrahl. Das muß sein, weil sich beim Gastod als letzte Reflexbewegung der Darm entleert. Jeder Tote ist beschmutzt . . .

Um die im Todeskampf zusammengeballten Fäuste werden Riemen geschnallt, an denen man die vom Wasser glitschigen Toten zum Fahrstuhl schleift.

Im nächsten Raum sind vier große Lastenaufzüge. Man kann jeweils zwanzig bis fünfundzwanzig Tote hineinladen. Der Fahrstuhlführer wird durch ein Klingelzeichen benachrichtigt, wenn der Aufzug startbereit ist. Er fährt dann hinauf in den Verbrennungssaal des Krematoriums.

Die großen Türflügel öffnen sich automatisch. Das Schleppkommando wartet bereits.

Wieder wird eine Schlinge um die Handgelenke der Toten gelegt. Man schleift sie auf der eigens dafür eingerichteten Bahn den Betonboden entlang und lädt sie vor den Öfen ab . . .

Das aus acht Mann bestehende Kommando der Zahnzieher wartet vor den Öfen. In einer Hand haben sie ein Brecheisen, in der anderen eine Zange zum Zahnziehen. Man dreht die Toten mit dem Gesicht nach oben, öffnet ihren Mund und entfernt Goldzähne und Brücken . . .

Die Goldzähme werden in ein Säurebad gelegt, um die daran haftenden Fleisch- und Knochenreste wegzuätzen. Was man sonst noch an Gold- und Wertgegenständen an den Leichen findet – Perlen, Halsketten, Armbänder und Ringe – wird in eine dafür bestimmte, fest verschlossene Kiste durch eine Öffnung im Deckel geworfen.

Gold wiegt schwer – ich schätze, daß sich in den Krematorien täglich acht bis zehn Kilo ansammeln. Natürlich hängt das von den Transporten ab. Es gibt arme und reiche, je nachdem, woher sie kommen. Die Transporte aus Ungarn sind völlig ausgeplündert, wenn sie die Judenrampe betreten . . .

Nachdem der letzte Goldzahn herausgebrochen ist, kommen die Leichen zum Einäscherungskommando. Jeweils drei werden auf ein Schiebewerk aus Stahllamellen gelegt. Die schweren Eisentüren öffnen sich automatisch. Innerhalb von zwanzig Minuten sind die Leichen verbrannt.

In einem Krematorium stehen fünfzehn Öfen, und es gab vier solche nahezu gleichgroße Krematorien. Das bedeutet, daß täglich einige tausend Menschen verbrannt werden können.«

Miklos Nyiszli war in den Krematorien nach der Zeit der deutschen Siege. Die riesigen Verbrennungsanlagen hatten die Nazis – Langbein verwies darauf – samt den Gaskammern Ende 1942, Anfang 1943 bauen lassen. Das waren genau die Monate, in denen bei Stalingrad die Wende begann. Es waren die Wochen, in denen Himmler anordnete, arbeitsfähige Juden vor dem Gastod bis zur völligen Erschöpfung als Sklaven auszubeuten. Die Nazis erkannten, daß nun die Zeit der Vergeltung näher kam.

Als Folge der alliierten Luftherrschaft über Europa versanken immer mehr deutsche Städte in Schutt und Asche. Dazu einige Zahlen aus dem »Ploetz«[64]:

64 Ploetz: Geschichte des Zweiten Weltkrieges, Zweite Auflage, S. 54 ff.

»30. Nov. (1942) erster Großangriff auf Köln.«
Immer mehr Bomben zerschlagen deutsche Städte. Dazu der
»Ploetz«:
Alliierte Bomben auf deutsches Gebiet:
1940: 14 600 t; 1941: 35 500 t; 1942: 53 755 t; 1943:
226 500 t; 1944 – und das ist das Jahr, um das es hier geht –
1 188 580 t; 1945 schließlich 477 000 t: es gab nicht mehr viel
zu bombardieren. Demgegenüber gingen die deutschen Bom-
benabwürfe auf England von 36 800 Tonnen 1940 auf 9151
Tonnen 1944 zurück. Der Torso deutsche Luftwaffe war zur
Bedeutungslosigkeit zusammengeschrumpft.
Die Schäden in den deutschen Städten wurden oft in erstaun-
lich kurzer Zeit beseitigt. Das war aus zwei Gründen wichtig.
Erstens mußte die Industrie weiter produzieren können.
Zweitens sollte sich in der Zivilbevölkerung kein Defätismus
breitmachen. Beide Ziele hat die Führung des Nazistaates
erreicht. Rüstungsminister Albert Speer hat nachgewiesen, daß
die Rüstungsproduktion erst Ende 1944, Anfang 1945 ihren
Höhepunkt erreichte. Das war für die Alliierten ebenso eine
Überraschung wie das Verhalten der Kinder und Frauen in den
Luftschutzkellern.
Im »Ploetz« heißt es dazu[65]:
»Ziel der Angriffe sind Industrieanlagen, aber auch Wohnvier-
tel, da die Gegner glauben, auf diese Weise die Bevölkerung
mürbe machen zu können; dies erweist sich als Fehlrechnung,
da die Regierung auf die Stimmung der Bevölkerung keine
Rücksicht nimmt.«
Hier wird die »Stimmung der Bevölkerung« fehlinterpretiert.
Denn wer jene Wochen erlebt hat, der weiß, daß gerade die
Zivilisten in den Städten der Überzeugung waren, angesichts
der Opfer an der Front müßten sie durchhalten. Die Regierung
nahm vielmehr durchaus Rücksicht auf die Bevölkerung, etwa
dadurch, daß sie immer wieder verkünden ließ, der Tag der
Vergeltung stehe unmittelbar bevor. Die Mehrheit hat das
geglaubt. Hinzu kommt, daß hektisch versucht wurde, die
Schäden auch an Wohnhäusern so schnell wie möglich zu

65 Ebenda, S. 54/55.

beheben, damit die Bewohner wieder einziehen konnten. Dafür wurden alle irgendwie verfügbaren Reserven ausgeschöpft. Man reparierte Wasserleitungen, setzte neue Fensterscheiben ein sowie Türen und was dergleichen erforderlich war.

Auf der anderen Seite war das Jahr 1944 die Zeit, in der auch die letzten eisernen Gartenzäune demontiert wurden. Alles für den immer wieder beschworenen Endsieg.

Vorrang hatte die Rüstungsindustrie. An zweiter Stelle standen die Verkehrsverbindungen. Schließlich mußten »Räder rollen für den Sieg«, wie die Parolen auf Bahnhöfen und an Eisenbahnwaggons verkündeten.

Kaum vorstellbar, daß in dieser Zeit des anbrechenden Chaos große Mengen von Beton, Eisen, feinmechanischen Ersatzteilen für Türen und Aufzüge, die sich automatisch öffneten, nach Auschwitz gebracht werden konnten.

Mit welchen Engpässen die deutsche Industrie allgemein und die Rüstungsindustrie im besonderen im Jahre 1944 fertig werden mußte, kann niemand besser beurteilen als Hitlers Rüstungsminister Albert Speer. Im 24. Kapitel seiner »Erinnerungen« beschreibt er die Lage, wie sie sich im Mai 1944 darbot.[66]:

»Am 8. Mai 1944 kehrte ich nach Berlin zurück, um meine Arbeit wieder aufzunehmen. Das Datum vier Tage später, der 12. Mai, wird mir immer geläufig bleiben. Denn an diesem Tag wurde der technische Krieg entschieden. Bis dahin war es gelungen, ungefähr so viel an Waffen zu produzieren, wie es trotz erheblicher Verluste dem Bedarf der Wehrmacht entsprach. Mit dem Angriff von 935 Tagbombern der 8. amerikanischen Luftflotte auf mehrere Treibstoffwerke im Zentrum und im Osten Deutschlands begann eine neue Epoche des Luftkrieges; sie bedeutete das Ende der deutschen Rüstung . . .

Unsere Tagesproduktion von 5850 t war nach diesem Angriff auf 4820 t abgesunken; allerdings konnte unsere Reserve von

---

66 Albert Speer: »Erinnerungen«, Ullstein-Verlag, Frankfurt/Berlin/München 1969, S. 357 ff.

574 000 t Flugtreibstoff, obwohl sie etwas über drei Monate unserer Produktion betrug, diesen Ausfall über neunzehn Monate ausgleichen . . .

Wir hatten nach sechzehn Tagen fieberhafter Reparatur gerade wieder die alte Produktionshöhe erreicht, als uns am 28./29. Mai 1944 die zweite Angriffswelle traf. Diesmal gelangen den nur 400 Bombern der 8. amerikanischen Luftflotte größere Zerstörungen als der doppelt so hohen Anzahl beim ersten Angriff. Gleichzeitig wurden von der 15. amerikanischen Luftflotte in diesen Tagen die wichtigsten Raffinerien im rumänischen Ploesti angegriffen. Nun war die Produktion sogar auf die Hälfte reduziert . . .

Als die Angriffe sich abschwächten, erreichten wir am 17. Juli noch einmal eine Produktion von 2307 Tonnen, das waren rund vierzig Prozent der ursprünglichen Erzeugung, aber bereits vier Tage später, am 21. Juli, waren wir mit 120 Tonnen Tageserzeugung so gut wie am Ende.«

In dieser Situation wäre es kaum denkbar gewesen, die riesigen Gaskammern und Krematorien wieder aufzubauen. Denn auch der Transport selbst über kurze Strecken bereitete im letzten Kriegsjahr immer mehr Schwierigkeiten. Hinzu kam, daß ein erheblicher Mangel an Eisen wie an Beton herrschte. Dies lag vor allem an dem riesigen Bedarf zum Bau des Atlantikwalls. Dazu Speer[67]:

»Für diese Aufgabe hatten wir in kaum zwei Jahren übereilten Bauens 13 302 000 Kubikmeter Beton mit einem Wert von 3,7 Mrd. RM verbraucht, durch die zudem 1,2 Millionen Tonnen Eisen der Rüstungsfertigung entgingen.« In einer Anmerkung ergänzte Speer diese Angaben[68]: »Hinzu kamen 4 466 000 cbm für U-Boot-Bunker und andere Vorhaben in Frankreich.«

Der Bau der Gaskammern und Krematorien hatte im Winter 1942 begonnen und bis ins Frühjahr 1943 gedauert. Nun, da die Operation »Overlord« alle nur erdenklichen deutschen Kräfte in Nordfrankreich band – selbstverständlich einge-

67 Ebenda, S. 363.
68 Ebenda, S. 570, Anm. Nr. 15.

schlossen Transportzüge –, ist es kaum vorstellbar, daß Transportraum für die Lieferung von Baumaterial ins weit entfernte Auschwitz zur Verfügung gestellt worden wäre. Der schnelle Wiederaufbau einmal zerbombter Gaskammern und Krematorien darf folglich als fast ausgeschlossen bezeichnet werden.

Wie viele Häftlinge dadurch gerettet worden wären, kann niemand errechnen. Einige Zahlen können jedoch zumindest Anhaltspunkte dafür liefern, daß es eine sehr große Zahl gewesen sein dürfte. In »Auschwitz – Zeugnisse und Berichte« von Adler, Langbein und Lingens-Reiner befindet sich eine Zeittafel für die Geschichte von Auschwitz. Sie ist nicht vollständig, ». . . ist also keineswegs eine Chronik aller wichtigen und auch datierbaren Auschwitz-Geschehnisse. So wird gewöhnlich auf die Angabe wiederholt sich abspielender Tragödien – z. B. von Selektionen im Lager und ankommenden Transporten für den Gastod – verzichtet.«[69]

Dennoch werden auch Massenmorde in den Gaskammern verzeichnet. Die Daten gelten für das Jahr 1944[70]:

»16. 5. Blocksperre in Birkenau. Mit drei Zügen zu je 60 Güterwagen kommen die ersten Transporte ungarischer Juden an und werden selektiert.

12. 7. Das ›Familienlager‹ in Birkenau, in das im Dezember 1943 und im Mai 1944 weitere 12 500 Juden aus Theresienstadt gebracht worden sind, wird aufgelöst. Etwa 4000 Menschen werden vergast . . .

1. 8. Das Zigeunerlager in Birkenau wird aufgelöst. Rund 4 000 Zigeuner, bisher teilweise bevorzugt behandelt, werden vergast.

21. 8. Nachdem aus Lodz (Litzmannstadt), dem letzten polnischen Ghetto, bereits seit dem 23. Juni Räumungstransporte fuhren, beginnt nun die endgültige Räumung, die bis zum 15. September dauert. Rund 70 000 Juden werden verschickt, die meisten kommen nach Auschwitz, wo sie selektiert werden.

6. 9. Anne Frank kommt mit ihrer Familie nach Birkenau (Weiterdeportation im Oktober nach Bergen-Belsen).

---

69 Auschwitz – Zeugnisse und Berichte, a. a. O., S. 367.
70 Ebenda, S. 384 f.

28. 9. Theresienstadt wird weitgehend liquidiert. Im Lauf eines Monats werden in elf Transporten 18 404 Juden nach Auschwitz deportiert; nicht mehr als 2000 von ihnen überleben den Krieg.

2. 11. Die Vergasungen werden eingestellt.«

Fast 100 000 in den Gaskammern erstickte Menschen verzeichnet allein diese Zeittafel, wobei die 400 000 Juden aus Ungarn nicht mitgezählt sind. Ihrer Ermordung durch Bombenangriffe zuvorzukommen, wäre wegen der Kürze der Zeit und des großen Tempos vielleicht nicht möglich gewesen.

Bei der Untersuchung der Frage, bis wann es noch Zweck gehabt hätte, die Vernichtungsstätten zu bombardieren, ist von alliierter Seite darauf verwiesen worden, daß die Deportationen aus Ungarn im Juli 1944 eingestellt worden seien. Danach habe es keinen Sinn mehr gehabt, Auschwitz anzugreifen. Richard Kidston Law vom britischen Außenministerium schrieb Chaim Weizmann am 1. September 1944, Angriffe auf Auschwitz seien »mit sehr großen technischen Schwierigkeiten verbunden«[71]. Gegenüber Sir Archibald Sinclair vom Luftwaffenministerium argumentierte Law freilich anders. Hier waren es keineswegs in erster Linie große technische Schwierigkeiten, die gegen Bombenangriffe auf Auschwitz ins Feld geführt wurden. Der Brief an Sinclair trägt dasselbe Datum wie der abschlägige Bescheid an Weizmann: 1. September 1944. Es konnten folglich weder neue Informationen vorgelegen haben noch neue Entwicklungen eingetreten sein. Law schrieb Sinclair[72]:

»Im vergangenen Monat gingen unsere Berichte in die Richtung, daß keine Juden mehr aus Ungarn verschleppt werden. Deshalb, aber auch, weil wir vom Luftwaffenministerium erfahren haben, daß es ernste technische Schwierigkeiten bereitet, den Vorschlag (Auschwitz zu bombardieren, d. V.) zu verwirklichen, schlagen wir vor, nichts weiter zu unternehmen.«

Anders ausgedrückt: Nun, da die Juden aus Ungarn ohnehin

---

71 Wasserstein, a. a. O., S. 317.
72 Ebenda, S. 317.

nicht mehr zu retten sind, sollten wir die Bitte um Angriffe zu den Akten legen. Tatsächlich war aber eine weitere halbe Million ungarischer Juden in akuter Lebensgefahr: die Juden aus Budapest, die bisher nicht deportiert worden waren. Außerdem jene Menschen, die bis zum Ende der Massenmorde noch umgebracht wurden, also bis zum 2. November 1944. Wasserstein hat festgestellt, daß allein im August 1944 in den Krematorien sowie im Freien mehr als 24 000 Menschen verbrannt worden sind. Nicht vergessen werden dürfen außerdem die mehr als 70 000 Juden aus dem Ghetto von Lodz, deren Verschleppung nach Auschwitz erst Ende August einsetzte und bis zum 15. September andauerte. Völlig außer acht ließ Law schließlich die moralische Komponente. Auf die SS hätte es vermutlich vernichtend gewirkt, wenn die Alliierten durch gezielte Angriffe gezeigt hätten, daß sie wußten, was in Auschwitz verbrochen wurde. Manch einer wäre danach kaum noch bereit gewesen, weiter mitzumachen, denn die Stunde der Abrechnung kam näher und näher. Und schließlich waren da auch noch die Häftlinge selbst. Ihr Lebenswille wäre mit Sicherheit gestärkt worden, wenn sie gesehen hätten, daß die Alliierten sie nicht vergessen hatten.

Die Budapester Juden

Am 11. Juli 1944 war Ungarn »judenrein, mit Ausnahme von Budapest und den Arbeitseinheiten beim Heer«, wie Oberstleutnant Lászlos Ferenczy seiner Regierung meldete. Ferenczy war im Kabinett in Budapest, das von den Nazis ernannt und eingesetzt worden war, für die Deportationen verantwortlich.

Eine der sorgfältigsten Untersuchungen über das Los der ungarischen Juden hat, wie bereits bemerkt, der ehemalige Generalstaatsanwalt von Israel und Ankläger im Eichmann-Prozeß, Gideon Hausner, vorgelegt[73]. Auf seine Forschungsergebnisse beziehe ich mich hier im wesentlichen.

Nachdem also Ungarn außer der Hauptstadt »judenrein« war, setzten die Nazis alles daran, nun auch die Juden aus Budapest zu deportieren. Im Auswärtigen Amt in Berlin machte sich in jener Zeit, also im Sommer 1944, bereits Unsicherheit breit. In einem Telegramm an die deutsche Botschaft in Budapest gab man zu bedenken:

»Wegen ihres Umfangs wird die Aktion große Aufmerksamkeit erregen und im Ausland eine heftige Reaktion auslösen. Es ist daher nötig, daß man äußere Anlässe und Motive schafft, z. B. Sprengstoffunde in jüdischen Vereinshäusern und Synagogen, die Entdeckung von Sabotageorganisationen, Umsturzpläne . . .«[74]

Der Bevollmächtigte der Reichsregierung in Budapest, Edmund Veesenmayer, teilte diese Bedenken freilich nicht. In

73 Gideon Hausner, a. a. O., S. 192 ff.
74 Ebenda, S. 193.

seiner Antwort hieß es: »Bisher haben die Evakuierungen auch keine Rückwirkungen im Ausland ausgelöst.«

Es liegt auf der Hand, daß alliierte Angriffe auf die Vernichtungsstätten und spezielle auf Auschwitz zu einer anderen Antwort geführt hätten. Denn auch das Marionettenkabinett von Miklos Horthy erkannte selbstverständlich, daß es sich nicht mehr lange halten konnte. Der ungarischen Spionageabwehr war ein Ersuchen an die Westmächte in die Hände gefallen, die Namen auch von ungarischen NS-Verbrechern zu registrieren[75]. Dies hatte beim Kabinett Horthy Unruhe ausgelöst. Veesenmayer machte in einem weiteren Telegramm auf eine andere Entwicklung aufmerksam. Budapest war inzwischen von alliierten Bomberverbänden angegriffen worden. Dies sowie die Landung in der Normandie und die deutschen Niederlagen überhaupt hätten ihre Wirkung in Ungarn nicht verfehlt. Die Bereitschaft, an der Endlösung mitzuwirken, war offenkundig spürbar zurückgegangen.

Daß die SS-Führung in Berlin von den Bitten, Auschwitz zu bombardieren, wußte, hat Wasserstein nachgewiesen[76]. Deutsche Dienststellen hatten nämlich ein Kabel der britischen Gesandtschaft in Bern an das Auswärtige Amt in London abgefangen. Es enthielt eine Botschaft der Vertreter der Jewish Agency in Genf mit der Bitte, Auschwitz anzugreifen. Der Bericht wurde selbstverständlich dem Chef der Sicherheitspolizei (SP) und des Sicherheitsdienstes (SD), SS-Obergruppenführer Dr. Ernst Kaltenbrunner, vorgelegt. Er veranlaßte, daß Reichsaußenminister Joachim von Ribbentrop davon erfuhr, der dafür sorgte, daß die ungarische Regierung unterrichtet wurde. Dies war, wie Wasserstein feststellt, am 5. Juli 1944, also noch ehe Edmund Veesenmayer die Zahl der inzwischen deportierten ungarischen Juden addierte und dabei auf 437 402 Opfer kam.

Diese Information kann durchaus ebenfalls ein Grund gewesen sein, weshalb das Auswärtige Amt in Berlin Veesenmayer empfohlen hat, vor der Deportation der Juden aus Budapest

---

75 Ebenda, S. 194.
76 Wasserstein, a. a. O., S. 319.

»äußere Anlässe und Motive« zu schaffen. Auch hier darf gefragt werden, was wohl geschehen wäre, wenn zu jener Zeit oder auch später Auschwitz-Birkenau aus der Luft angegriffen worden wäre. Da dies nicht geschehen ist, kann man nur mutmaßen. Die Wirkung der Angriffe auf Budapest, die allgemeine militärische Lage des Nazistaates und das Vordringen der Alliierten im Westen hatten in Ungarn Unsicherheit verbreitet. Die Bereitschaft, ohne jedes Zögern auch die Juden aus Budapest in den Tod zu schicken, bestand nicht mehr. Und dies, obwohl Adolf Eichmann persönlich die Leitung übernommen hatte. Er rechnete sogar mit der »Möglichkeit bewaffneten jüdischen Widerstandes«. Dazu schreibt Hausner[77]:
»Am 18. August (1944) ließ Eichmann den Vorsitzenden und zwei Mitglieder des Judenrates verhaften und in den Straßen von Budapest wurde eine SS-Parade mit Panzerwagen, Panzern und Geschützen veranstaltet, um der Bevölkerung zu zeigen, daß die SS über ausreichend Kräfte verfügte, um mit jedem Notstand fertig zu werden. Am gleichen Tage erlangte Eichmann Horthys Zustimmung zum Beginn einer ›begrenzten Deportation‹ von Juden aus Budapest am 25. August.«
Doch auch Eichmanns Tage in Budapest waren gezählt. Zwar blieb er noch bis zum 24. Dezember 1944, zwar konnte er noch die Verschleppung zehntausender Juden aus Budapest durchsetzen. Nach Auschwitz rollte aber kein Zug mehr. Die militärische Lage an der Südostfront machte dies unmöglich.
Anfang September überschreiten sowjetische Verbände den Karpatenwall. Ende Oktober ist ganz Siebenbürgen besetzt. Am 15. Oktober ersucht »Reichsverweser« Miklos Horthy die Regierung im Kreml um einen Waffenstillstand. Doch Horthy kann nicht tun, was er will. Am 19. März 1944 hatten deutsche Truppen den ehemaligen verbündeten Staat Ungarn besetzt, weil ein Frontenwechsel bevorstand. Seitdem waren es die Nazis, die das Sagen hatten. Edmund Veesenmayer war seitdem nicht mehr deutscher Gesandter, sondern »Bevollmächtigter des Großdeutschen Reiches«. Rumänien hatte das Achsenbündnis am 23. August verlassen, womit der Roten

77 Hausner, a. a. O., S. 209.

Armee der Weg nach Ungarn geöffnet war. Am 14. Oktober 1944 beginnt der sowjetische Vormarsch auf Budapest. Sie erreichen die Donau nördlich der Stadt aber erst am 9. Dezember 1944. Die Offensive macht jedoch Massendeportationen nach Auschwitz unmöglich. Eichmann gelingt es, wie erwähnt, dennoch, mehrere zehntausend Budapester Juden zu verschleppen – zu Fuß ins Reichsgebiet. Ihr Leidensweg hängt mit den verhinderten Angriffen auf Auschwitz nicht zusammen. Dennoch mag der Bericht von Vertretern des Internationalen Roten Kreuzes zeigen, was jene wehrlosen Kinder, Frauen, Männer erlitten haben[78]:

»Wo immer wir hinkamen, entlang der ganzen Landstraße, waren wir Zeugen grauenhafter Szenen. Die Deportierten marschierten in endlosen Reihen, zerlumpt und zerfetzt, verhungert und erschöpft, unter ihnen auch alte Leute, die sich kaum weiterschleppen konnten. Die Gendarmen trieben sie mit Gewehrkolben, Gummiknüppeln und Peitschen an. Sie hatten dreißig Kilometer am Tag zurückzulegen ... Wir nahmen vierhundert Meter Schmalfilm für den Nuntius auf; jede einzelne Aufnahme bezeugt die grauenhaften Leiden und die schreckliche Behandlung, die diesen Gruppen von Juden aus der Hauptstadt zugefügt wurden.«

Etwa einen Monat, ehe Eichmann vor den vorrückenden sowjetischen Verbänden ins Reich floh, meldete der Bevollmächtigte Veesenmayer nach Berlin[79]:

»Nach Mitteilung von SS-Obersturmbannführer Eichmann sind bis heute rund 27 000 marsch- und arbeitseinsatzfähige Juden beiderlei Geschlechts in das Reichsgebiet in Marsch gesetzt worden. Es wird mit einem weiteren Kontingent von noch rund 40 000 arbeitsfähigen Juden gerechnet.«

Hausner schließt sein Kapitel über die ungarischen Juden mit diesen eindringlichen Sätzen[80]:

»Es trifft zu, daß die Kriegsentwicklung im letzten Augenblick einen kleinen Teil des ungarischen Judentums noch aus seinen

78 Ebenda, S. 213.
79 Ebenda.
80 Ebenda.

Klauen rettete. Als Budapest schließlich durch den raschen Vormarsch der Roten Armee am 17. Januar 1945 befreit wurde, befanden sich noch immer etwa hunderttausend Juden in der Stadt. Es war das einzige Ghetto, das der totalen Vernichtung entgangen war. Aber das war nicht Eichmanns Schuld.«

Zehn Tage später, am 27. Januar, wurde Auschwitz von sowjetischen Truppen besetzt.

Freiwillige vor!

In der Diskussion über Bomberschläge gegen Auschwitz hat zumindest in den USA die Frage eine Rolle gespielt, ob Flüge über so weite Entfernungen vertretbar gewesen wären. Die Versuche des Exekutiv-Direktors des Kriegsflüchtlingsausschusses, John W. Pehle, das Kriegsministerium zu Angriffen zu veranlassen, reichten bis Mitte November 1944. Aber noch zu dieser Zeit erklärte John McCloy, entsprechende Bomber der US-Air Force könnten Auschwitz nicht erreichen. Prof. David Wyman hat diese Behauptung in der Sendung des WDR vom 9. November 1979 entlarvt. Wyman stellte damals fest[81]:

»Nachträglich können wir als Pehles letzten Versuch, eine Bombardierung von Auschwitz zu erreichen, einen Brief an McCloy vom November 1944 bezeichnen. McCloy ließ sich vom Kriegsministerium einen Entwurf anfertigen mit den Gründen, warum solche Angriffe abgelehnt werden müßten. Und in diesem Entwurf kann man lesen, ein Grund für die Ablehnung war, daß die zur Verfügung stehenden Flugzeuge nicht die erforderliche Reichweite hätten, um nach Auschwitz zu fliegen. Das allerdings kann man mit Leichtigkeit widerlegen. Dafür haben wir u. a. dieses Beispiel: Bereits im Juni 1943 haben die Amerikaner die Ölfelder von Ploesti bombardiert. Das war Präzisionsbombardement. Man nahm leichte Sturzkampfflugzeuge. Und die Entfernung von dem Ausgangspunkt

81 WDR-HF-Archiv.

in Italien nach Ploesti ist sogar weiter als die Entfernung von diesem Punkt nach Auschwitz. Darüber hinaus: Die Mittelstreckenbomber vom Typ Mitchel hatten eine Reichweite von etwa 3000 km. Die Entfernung nach Auschwitz betrug aber nur 2 300 km.«
Die Entfernung spielte folglich nicht die entscheidende Rolle.
Es mag McCloy höchst willkommen gewesen sein, daß wenigstens eine jüdische Organisation gegen Angriffe auf Auschwitz war: die amerikanische Sektion des World Jewish Congress. Diese Organisation lehnte Angriffe deshalb ab, weil bei ihnen auch Juden ums Leben hätten kommen können. Sie forderten statt dessen Aktionen sowjetischer Fallschirmtruppen zur Befreiung des Lagers insgesamt[82]. Bisher nicht untersucht ist nach meiner Übersicht die Frage, ob in den USA oder in Großbritannien darüber diskutiert worden ist, Freiwillige für solche Flüge anzuwerben.
Auf die Gefahr, etwa 2000 Meilen über von Deutschland beherrschtes Gebiet zu fliegen, hatte das Kriegsministerium noch in seiner Stellungnahme für McCloy vom 14. November 1944 hingewiesen. Es war ein falsches, ein konstruiertes Argument. Denn zu jener Zeit konnte jedenfalls die 15. US-Luftflotte von Italien aus weitgehend ungefährdet nach Polen fliegen.
Bei gefährlichen Kommandounternehmen sind auf seiten der Westalliierten mehrfach Freiwillige eingesetzt worden. Am Sonntag, dem 29. Oktober 1944 berichtete »The New York Times« über die Befreiung von französischen Widerstandskämpfern aus dem schon erwähnten Gefängnis in Amiens[83]. Bei dem Unternehmen war u. a. ein Captain ums Leben gekommen. Einer der australischen Piloten sagte damals zu dem Unternehmen der Royal Air Force:
»Die Leute in unserer Squadron fühlten – und darin unterschieden sie sich nicht von den anderen, – das war eine Aufgabe, bei der es keine Rolle spielte, ob wir alle ums Leben gekommen wären« und er fuhr fort: »Das war eine Operation,

82 Wyman: Commentary, May 1978, S. 45.
83 The New York Times, 29. 10. 44.

die uns das Gefühl gab: Selbst wenn wir bisher im Krieg nichts geleistet haben sollten – diesmal haben wir etwas geleistet.«
Auf alliierter Seite kämpften gegen die Nazis Soldaten aller Staaten, die offiziell mit Deutschland Krieg führten. Niederländer, Belgier, Franzosen, Luxemburger, Polen, Tschechoslowaken und Freiwillige aus Palästina. Hinzu kamen selbstverständlich amerikanische, britische, kanadische und Juden aus anderen Staaten. Unter ihnen wären mit Leichtigkeit Freiwillige zu finden gewesen, die auch gefährliche Flüge gewagt hätten, um Juden vor dem Tod in der Gaskammer zu retten.

In einem Leserbrief an die Zeitschrift »Commentary«[84] hat der US-Pilot Charles M. Bachman zu einem anderen Leserbrief Stellung genommen, in dem der Autor Mr. Groban nach dem Aufsatz von Prof. Wyman erklärt hatte: Wenn die Alliierten Auschwitz bombardiert hätten, wären sie ebenfalls zu Judenmördern, zu »Kapos« geworden. Bachman schrieb:
»Mr. Groban behauptet schließlich, wenn ihm der Befehl zum Angriff auf die Vernichtungsanlagen von Auschwitz gegeben worden wäre, dann würde er zum letzten Kapo geworden sein. Aber ... es ist keine Frage, daß Tausende unschuldiger Männer, Frauen und Kinder noch heute leben würden, wenn wir diese barbarischen Horrorkammern bombardiert und vernichtet hätten. Wenn mir der Befehl gegeben worden wäre, die Lager zu bombardieren, wäre ich stolz darauf gewesen, für einen solchen Auftrag bestimmt worden zu sein.«
Ich habe Bachman in seinem Haus in White Plains, wie erwähnt, aufgesucht und ihn auch dazu befragt. Dr. Lawrence S. Leshnik besorgte die Übersetzung meiner Frage für die Sendung des WDR vom 9. November 1979[85]. »Wenn Sie den Befehl bekommen hätten, Auschwitz zu bombardieren, auch, wenn dabei Häftlinge ums Leben gekommen wären, Sie aber die Gaskammern hätten zerstören können – hätten Sie das getan?«
Als Bachman zu dieser Frage Stellung nahm, war er sichtlich

84 Commentary, Nov. 1978, S. 19/20.
85 WDR-HF-Archiv.

aufgewühlt. Es fiel ihm schwer, ruhig zu antworten. Er dachte an die vielen tausend, wahrscheinlich zehntausend jungen und alten Juden, die im Sommer, im Herbst, im Winter 1944 noch den Gastod erleiden mußten, weil ihm und vielen seiner Kameraden nicht der Befehl erteilt worden ist: Angriffsziel Auschwitz-Birkenau. Er litt unter der Last, nicht geholfen zu haben. »Ja, es hätte mir sogar Zufriedenheit verschafft, Auschwitz zu bombardieren, auch wenn man Insassen getötet hätte . . .«

Ich habe bei der Hauptkommission zur Verfolgung von Hitlerverbrechen in Polen mit Sitz in Warschau schriftlich angefragt, ob in den Archiven des Instituts Unterlagen zu diesem Thema aufbewahrt würden. Der Direktor der Kommission, der Jurist Prof. Dr. Czeslaw Pilichowski, antwortete am 23. Februar 1980[86]:

»Mit Bedauern muß ich Sie davon in Kenntnis setzen, daß sich im Material der Hauptkommission keine Erkenntnisse über dieses sehr interessante Thema befinden.«

In Polen ist man dieser Frage offenbar noch nicht nachgegangen. Dies ist kein Vorwurf. Der Wissenschaftler Pilichowski nennt es ein »sehr interessantes Thema« und verweist auf einen Vortrag des Historikers Martin Gilbert aus London im Januar 1980 während eines Kongresses in Jerusalem. Äußerer Anlaß war der 35. Jahrestag der Befreiung von Auschwitz, Veranstalter das Historische Institut und das Mahnmal zur Erinnerung an die Naziopfer »Yad Vashem«. Ich habe Gilberts Vortrag gehört. Ich hätte zahlreiche Fragen an Gilbert zu stellen gehabt. Er mußte aber – offenkundig unter Zeitdruck – den Kongreß unmittelbar nach seinem Referat wieder verlassen. So ergab sich keine Möglichkeit zu einem Gespräch, was höchst bedauerlich war. Gilberts Vorschlag enthielt nichts Wesentliches, was über die Untersuchungen von Wyman und Wasserstein hinausging. Es heißt, Gilbert bereite eine Untersuchung vor. Solange diese nicht vorliegt, kann man nur vermuten, zu welchen Schlüssen er schließlich kommt. Möglicherweise werden sich seine Erkenntnisse und Schlußfolgerungen von mei-

---

86 Archiv des Verfassers.

nen grundsätzlich unterscheiden. Mir scheint jedoch, daß sowohl in London als auch in Washington hohe Beamte verhindert haben, was verantwortliche Minister und Regierungschefs wollten: Angriffe auf Auschwitz. Während es in London mehrere Beamte verhindert haben, richtet sich für die USA der Hauptvorwurf gegen einen Mann, den vor allem in der Bundesrepublik hochgeschätzten ehemaligen Hohen Kommissar John McCloy.

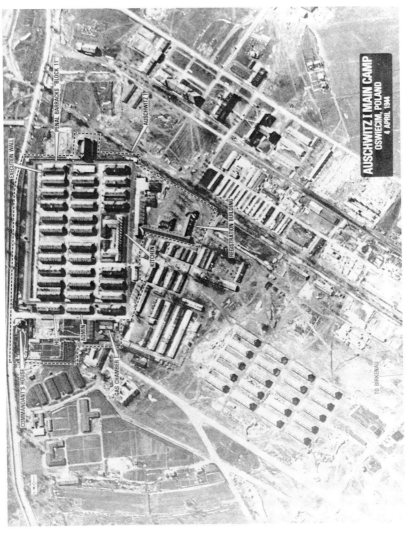

AUSCHWITZ I MAIN CAMP
OSWIECIM, POLAND
4 APRIL 1944

PENAL BARRACKS "BLOCK 11"

AUSCHWITZ 11

EXECUTION WALL

REGISTRATION BUILDING

KITCHEN

COMMANDANT'S HOUSE

HQ

ADMIN

GAS CHAMBER I

TO BIRKENAU

*Eine der ersten
Luftaufnahmen von
Auschwitz: 4. April
1944 – drei Tage
vor der Flucht von
Vrba und Wetzler.*

AUSCHWITZ MAIN CAMP COMPLEX
OSWIECIM, POLAND
4 APRIL 1944

CONVOYS

RAIL SPUR TO BIRKENAU
UNDER CONSTRUCTION

CONVOY ARRIVING

AUSCHWITZ I MAIN CAMP

*Später erkannt:
Die Bahnlinie zum
Vernichtungslager
Birkenau
ist im Bau.*

AUSCHWITZ-BIRKENAU COMPLEX
OSWIECIM, POLAND
26 JUNE 1944

AUSCHWITZ II BIRKENAU
EXTERMINATION CAMP

SS BARRACKS AND HQ

CONVOYS

NEW RAIL SPUR

CONVOYS

MARSH USED FOR
ASH DISPOSAL

AUSCHWITZ I

SOLA RIVER

*Aus der Luft auf
einen Blick: Stamm-
und Vernichtungsla-
ger. Am selben Tage
erklärte das US-
Kriegsministerium,
Luftangriffe auf
Auschwitz seien
»undurchführbar«.*

BIRKENAU EXTERMINATION CAMP
OSWIECIM, POLAND
25 AUGUST 1944

GAS CHAMBER AND CREMATORIUM II

WOMEN'S CAMP

CONVOY

GUARD TOWER

GATE

GROUP ON WAY TO GAS CHAMBER

PRISONERS

PRISONERS

UNDRESSING ROOM

ZYKLON-B VENT

CREMATORIUM

GAS CHAMBER

GAS CHAMBER AND CREMATORIUM III

*Gaskammern und Krematorien im Sommer 1944.
Vier Tage später bombardieren US-Geschwader erneut Industrieanlagen rund um Auschwitz.*

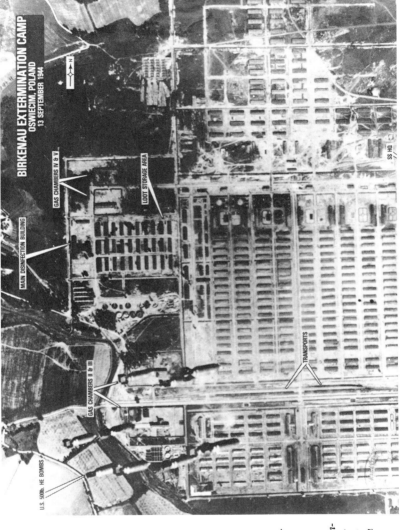

BIRKENAU EXTERMINATION CAMP
OSWIECIM, POLAND
13 SEPTEMBER 1944

N

U.S. 500lb. HE BOMBS

GAS CHAMBERS II & III

MAIN DISINFECTION BUILDING

GAS CHAMBERS IV & V

LOOT STORAGE AREA

TRANSPORTS

SS HD

Auschwitz wird immer häufiger fotografiert. Am 13. September 44 lag der IG-Farben-Konzern Auschwitz unter einem Bombenhagel. Die Bomben sind links deutlich zu erkennen.

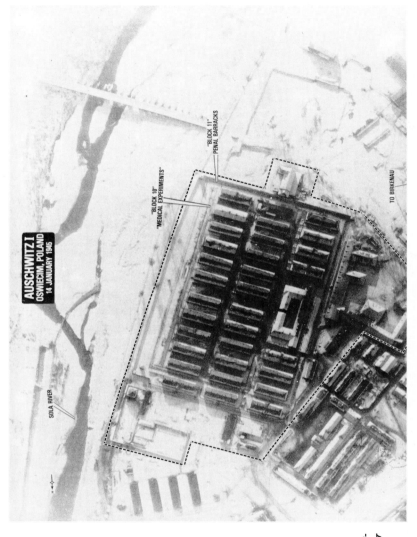

AUSCHWITZ I
OSWIECIM, POLAND
14. JANUARY 1945

SOLA RIVER

"BLOCK 10"
"MEDICAL EXPERIMENTS"

"BLOCK 11"
PENAL BARRACKS

TO BIRKENAU

Die Massenmorde sind eingestellt worden, 13 Tage später wird Auschwitz befreit.

Die von den Nazis gesprengten Gaskammern. Ein Wiederaufbau nach Bombardements wäre kaum möglich gewesen.

Der ehemalige US-Hochkommissar John McCloy, der Luftangriffe auf Auschwitz für »nicht gerechtfertigt« hielt.

John McCloy: Bombenangriffe auf Auschwitz »nicht gerechtfertigt«

Bei den Bundesbürgern, die jene Jahre zwischen dem Ende der Nazidiktatur und dem Beginn des Wiederaufbaus Westdeutschlands bewußt erlebt haben, genießt John Jay McCloy eine herausragende Popularität. Diese Volkstümlichkeit hat auch die Redaktion des Munzinger-Archivs bestimmt. In der Ausgabe vom 1. September 1979 kann man über McCloy lesen[87]:

»Nach der Schaffung der Bundesrepublik im Aug. 1949 war die Tätigkeit M.s eng mit deren Wiederaufbau verbunden. Bis 1952 hat M. etwa eine Milliarde Dollar US-Gelder für den wirtschaftlichen Aufbau flüssiggemacht. Die Normalisierung der politischen und wirtschaftlichen Beziehungen wurde von M. stetig vorangetrieben durch Abschluß des sog. Petersberger Abkommens, die Revision des Besatzungsstatuts im März 1951 und die Vorbereitung von Verträgen, die die Rückgabe der Souveränitätsrechte an Deutschland und Eingliederung in das westliche Verteidigungssystem zum Ziele hatten. Sein Vertrauen in die demokratische Entwicklung der Bundesrepublik vertrat M. auch vor parlamentarischen Gremien der USA und auf den großen internationalen Konferenzen über Deutschland. Aufsehen erregte die Begnadigung zahlreicher Landsberger Häftlinge im Jan. 1951. Er schuf den McCloy-Fonds für kulturelle Zwecke, während seine Gattin eine weithin anerkannte Hilfstätigkeit in Frauenverbänden entwickkelte. Nach Unterzeichnung der deutsch-alliierten Verträge

---

87 Munzinger-Archiv/Internat. Biograph. Archiv, 1. 9. 1979, Lieferung 35/79 – P – 1397.

trat M. im Juli 1952 von seinem Amt zurück. Zum Abschied verlieh ihm die Stadt Frankfurt die Goethe-Plakette. 1957 erhielt er das Großkreuz des Bundesverdienstordens.«

John Jay McCloy wurde am 31. März 1895 in Philadelphia geboren. Seine Mutter stammte aus Deutschland, der Vater war Angestellter eines Versicherungsunternehmens und starb, als »Jack« McCloy sechs Jahre alt war. Nun lag die Erziehung ganz bei der Mutter. McCloy verdiente sich das für das Studium erforderliche Geld als Hilfskellner und indem er Nachhilfeunterricht erteilte. Seine Examen als Jurastudent bestand er mit Auszeichnung, 1921 wurde er als Rechtsanwalt zugelassen. Von 1930 bis 1939 untersuchte er einen Sabotagefall aus dem Ersten Weltkrieg, den er schließlich aufzuklären vermochte. Es gelang ihm der Nachweis, daß deutsche Geheimagenten versucht hatten, die Lieferung von Waffen einer großen amerikanischen Stahlfirma an die Alliierten zu verhindern. Dies beeindruckte den amerikanischen Kriegsminister Henry L. Stimson. Er berief McCloy in sein Ministerium als Fachmann für Gegenspionage, und so stieg McCloy nach der deutschen Kriegserklärung an die USA zum Staatssekretär und höchsten Zivilbeamten im Kriegsministerium auf. Der Spionageexperte besuchte alle Kriegsgebiete. Sein Einfluß reichte so weit, daß er zu dem kleinen Personenkreis gehörte, der in den Plan Washingtons, Japan mit Atombomben anzugreifen, eingeweiht wurde. McCloy stimmte für den Abwurf, trat aber dafür ein, die Japaner vorher zu warnen. Er konnte sich nicht durchsetzen. Dagegen erreichte er im Kriegsministerium, daß Rothenburg ob der Tauber nicht bombardiert wurde. Wie eng sein Vertrauensverhältnis zu Kriegsminister Stimson war, zeigt der folgende Vorgang, den David Wyman recherchiert hat[88]: Auf der Liste der japanischen Städte, die bombardiert werden sollten, stand auch die alte Kaiserstadt, Kunst- und Kulturmetropole Kyoto. Im Frühjahr 1945 fragte Minister Stimson seinen Staatssekretär John McCloy: »Würden Sie mich für einen sentimentalen alten Mann halten, wenn ich Kyoto von der Liste der Angriffsziele für unsere Bomber striche?« McCloy ermutigte seinen

88 Wyman: a. a. O., S. 45.

Minister, dies zu tun. Das Oberkommando der Luftwaffe argumentierte gegen diese Entscheidung, hielt sich aber schließlich an sie. Kyoto wurde nicht bombardiert. McCloy nahm sich den Vorgang zum Vorbild, als Rothenburg ob der Tauber angegriffen werden sollte, und verhinderte die Bombardierung. Die Stadt dankte es ihm im Jahre 1948, indem sie ihn zum Ehrenbürger ernannte. Drei Jahre nach der bedingungslosen Kapitulation nahm einer der höchsten und einflußreichsten amerikanischen Regierungsbeamten die Ehrenbürgerschaft einer deutschen Stadt an – das war ein Vorgang, der Aufsehen erregte.

Von Juni 1949 bis Juli 1952 war John McCloy der oberste Hoheitsträger in der amerikanischen Besatzungszone und damit auch höchste Gnadeninstanz. In diese Zeit fällt die umfangreichste Begnadigungswelle der deutschen Nachkriegsgeschichte. Sie konzentrierte sich auf zum Tode verurteilte NS-Verbrecher. Oberstaatsanwalt Dr. Adalbert Rückerl, seit 1961 Mitarbeiter der Zentralen Stelle der Landesjustizverwaltungen zur Aufklärung nationalsozialistischer Verbrechen in Ludwigsburg bei Stuttgart und seit dem 1. September 1966 Leiter dieser zentralen Staatsanwaltschaft, hat in seiner Dokumentation[89] »Die Strafverfolgung von NS-Verbrechen 1945–1978« die »Schicksale der Führer der Einsatzgruppen und Einsatzkommandos der Sicherheitspolizei und des SD« dargestellt. Er tat dies in nüchternen Worten, stellte lediglich fest, was aus wem nach dem Kriege geworden ist.

Einsatzgruppen und Einsatzkommandos waren jene Einheiten, die hinter der Front alles hinmordeten, was für die Nazis zu den »Untermenschen« gehörte: die polnische und sowjetische Intelligenz, Kommissare und selbstverständlich Juden. Es waren Einheiten, die ohne jedes Risiko nur mordeten. Wie viele Opfer es waren, wird die Welt niemals erfahren. Die Toten wurden nicht registriert. In der Schlucht Babi Yar bei Kiew waren es 52 000 Juden und Nicht-Juden, die nach der Besetzung der Stadt durch deutsche Truppen im September

---

89 Rückerl: Die Strafverfolgung von NS-Verbrechen 1945–1978, C. F. Müller Juristischer Verlag, Heidelberg, Karlsruhe 1979.

1941 von Einsatzkommandos ermordet wurden. Insgesamt meldeten die vier Einsatzgruppen dem Reichssicherheitshauptamt in Berlin vom Überfall auf die Sowjetunion im Juni 1941 bis zum April des nächsten Jahres 560 000 »Erfolge«. Und »Erfolge« waren Tote[90].

Rückerl zählt die Namen von 53 Kommandeuren solcher Einsatzgruppen und Einsatzkommandos auf[91]. 34 sind nach dem Kriege angeklagt worden. Das Schicksal der anderen war nicht mehr aufzuklären. Einige sind verschollen oder wurden für tot erklärt, andere nahmen sich in der Untersuchungshaft das Leben, in weiteren Fällen kam es nicht zur Anklage, weil die Verdächtigen »nicht verhandlungsfähig« waren. Es bleibt also bei 34 Angeklagten, die mit ganz wenigen Ausnahmen zum Tode oder zu hohen bis lebenslangen Freiheitsstrafen verurteilt worden sind. Die meisten hatten in Nürnberg, also in der amerikanischen Besatzungszone, vor Gericht gestanden. Von ihnen wurden in der Zeit, als John McCloy Hoher Kommissar war, elf begnadigt. Mehrere dieser Verbrecher haben später als Zeugen vor Gericht gestanden, als ihre Untergebenen sich verantworten mußten. Die Chefs kamen und gingen als freie Leute.

Jene Gnadenwelle vollzog sich keineswegs im geheimen. So meldete die Tageszeitung »Die Welt« am 10. Januar 1951 zweispaltig auf der ersten Seite unter der Überschrift »Gnade für Landsberg-Häftlinge – Delegation des Bundestags wird bei McCloy vorstellig«:

»Eine fünfköpfige Delegation des Bundestages unter Führung von Bundestagspräsident Dr. Ehlers und Vizepräsident Prof. Carlo Schmid hat am Donnerstag den amerikanischen Hohen Kommissar McCloy in Frankfurt aufgesucht und um eine Begnadigung der zum Tode verurteilten Häftlinge des Landsberger Kriegsverbrechergefängnisses gebeten. Die Unterredung dauerte fast zwei Stunden. Wie Prof. Schmid nach der Besprechung mitteilte, handelte es sich ›um eine sehr ernste Auseinandersetzung, bei der jeder wußte, daß er die Argumen-

---

90 Rückerl, a. a. O., S. 19.
91 Ebenda, S. 133 ff.

te des anderen respektieren muß«. Schmid erklärte, daß die deutschen Delegierten keine besonderen Begründungen für individuelle Fälle vorgebracht, sondern allgemein gefordert hätten, mit dem Hängen endlich aufzuhören. McCloy versicherte der Delegation, daß seine Entscheidung von keinen politischen Erwägungen beeinflußt werde, sondern daß allein die Grundsätze des Rechts und der Sittlichkeit für ihn bestimmend seien. Der Hohe Kommissar bemerkte, daß er die deutschen Argumente noch einmal gründlich in Erwägung ziehen werde, ließ aber über den Charakter seiner endgültigen Entscheidung nichts durchblicken. In unterrichteten amerikanischen Kreisen rechnet man damit, daß das Ergebnis der Urteilsprüfung von McCloy Ende Januar, spätestens aber Anfang Februar bekanntgegeben wird. Zur Zeit befinden sich rund 550 Häftlinge in Landsberg. Davon sind etwa 85 in den sogenannten Nürnberger Prozessen und 465 zum größten Teil in den Dachauer Prozessen verurteilt worden. 28 Häftlinge sind zum Tode verurteilt, davon 15 in Nürnberg und 13 in Dachau. Bei den 15 ›Nürnberger Verurteilten‹ handelt es sich um 13 Einsatzgruppenleute aus Vernichtungskommandos und zwei Häftlinge, die wegen Mißhandlungen in Konzentrationslagern verurteilt worden sind.«

Am 1. Februar 1951 konnte »Die Welt« ihren Lesern kundtun:

»21 Todeskandidaten wurden begnadigt – Der amerikanische Hohe Kommissar McCloy und der Oberbefehlshaber der US-Streitkräfte in Europa, General Handy, haben die Todesurteile gegen 21 der 28 Landsberger Häftlinge in Gefängnisstrafen umgewandelt. Die übrigen sieben Todesurteile wurden aufrechterhalten. Außerdem wurden 70 Urteile, die in den verschiedenen Nürnberger Prozessen gefällt worden waren, revidiert und fünf Urteile bestätigt . . .

Die Todesurteile wurden aufrechterhalten gegen die im ›Einsatzgruppenprozeß‹ verurteilten ehemaligen SS-Führer Otto Ohlendorf, Paul Blobel, Werner Braune, Erich Naumann, den ehemaligen Chef des Wirtschafts- und Verwaltungshauptamtes der SS, Oswald Pohl, sowie gegen die wegen Greueltaten in Konzentrationslagern verurteilten SS-Leute Georg Schallmair und Hans Schmidt. Von den 28 ursprünglich zum Tode verurteilten unterstehen 15 der Zuständigkeit McCloys, der fünf Todesurteile bestätigte und von übrigen Urteilen vier in lebenslänglich, je eines in 25 und 20 Jahre, zwei in je 15 sowie je eines in zehn und neun Jahre Gefängnis umwandelte.«

Um diese Begnadigungswelle ein wenig zu analysieren, sei angemerkt, daß zu den Begnadigten auch Heinz Jost gehörte, der – zum Tode verurteilt – bereits 1951 entlassen wurde. Jost war Chef der Einsatzgruppe A als Nachfolger von Franz Stahlecker. Diese Einsatzgruppe hatte von Juni 1941 bis April 1942 dem Reichssicherheitshauptamt in Berlin 250 000 »Erfolge«, also Morde, gemeldet. Begnadigt und entlassen wurden ebenfalls Walter Blume, Eugen Karl Steimle, Adolf Ott und Waldemar Klingelhöfer von der Einsatzgruppe B. Ihre »Erfolgsmeldungen« nach Berlin: etwa 70 000 Morde. Von der Einsatzgruppe C wurden Dr. Walter Haensch und Ernst Biberstein begnadigt. »Erfolgsmeldungen« etwa 150 000 Ermordete. Von der Einsatzgruppe C – »Erfolgsmeldungen« rund 90 000 Tote – hätten nur Otto Ohlendorf und Dr. Werner Braune begnadigt werden können. Mehr Todesurteile waren im Prozeß gegen Angehörige dieser Mordeinheit nicht gefällt worden. Beide wurden hingerichtet.

Bei den aufgezählten Begnadigungen handelt es sich nur um zum Tode Verurteilte. In der Ausgabe der »Welt« vom 1. Februar 1951 wird auch berichtet, wie McCloy sowohl die Bestätigung der Todesurteile als auch die Gnadenakte begründete. John McCloy erklärte u. a., ». . . daß vier der Todeskandidaten Führer von SS-Einsatzgruppen oder Vernichtungseinheiten gewesen seien, die für die unbarmherzige Liquidierung von Juden, Zigeunern, Geisteskranken und Kommunisten in den besetzten Gebieten verantwortlich gewesen seien.«

Hätte McCloy diesen Maßstab konsequent angelegt, dürfte er z. B. Heinz Jost nicht begnadigt haben. Das gilt auch für Walter Blume, den Chef des Einsatzkommandos 7a in der Einsatzgruppe B, um ein weiteres Beispiel zu nennen. Oberstaatsanwalt Dr. Adalbert Rückerl beklagt in seiner äußerst lesenswerten Dokumentation diese Gnadenpraxis, weil sie wesentlich dazu beigetragen hat, daß Prozesse wegen NS-Verbrechen in der Öffentlichkeit weitgehend auf allgemeines Unverständnis gestoßen sind[92]:

»Der Abschluß der Entnazifizierungsverfahren, die teilweise Wiedereinsetzung der 1945 aus ihren Ämtern entfernten Beamten, die Begnadigung zu höchsten Strafen verurteilter NS-Verbrecher durch amerikanische, britische und französische Besatzungsbehörden und schließlich auch die Bemühungen um die Aufstellung bewaffneter Streitkräfte in der Bundesrepublik Deutschland ließen in der Öffentlichkeit den Eindruck entstehen, das Ziel einer ›Bewältigung der Vergangenheit‹ sei nun bald erreicht. In weiten Kreisen der Bevölkerung war man der Meinung, die Verantwortlichen für die NS-Verbrechen, die den Krieg überlebt hatten und denen es nicht gelungen war, im Ausland unterzutauchen, seien inzwischen aufgestöbert und von den Gerichten der Siegermächte oder von den deutschen Justizorganen und Entnazifizierungsbehörden zur Verantwortung gezogen.«

John McCloy hat die Gründe, warum er im Januar 1951 so viele NS-Verbrecher begnadigte, veröffentlichen lassen[93]. Die letzten Sätze lauten:

»Jede meiner Entscheidungen beruht auf meinem festen Glauben an das fundamentale Prinzip der Herrschaft des Rechts, das wir alle achten müssen und vor dem wir alle verantwortlich sind. Von diesem Grundsatz geleitet, war ich bemüht, Gerechtigkeit durch Gnade zu mildern.«

Gnade und Barmherzigkeit sind Begriffe mit moralischem Gehalt. Barmherzigkeit und Hilfe waren es, um die im Zusammenhang mit der Bombardierung von Auschwitz-Birkenau gebeten wurde. Es dürfte keinem Zweifel unterliegen, daß McCloy in seinem hohen Amt im Kriegsministerium die Möglichkeit hatte, in diesem Sinn auf Kriegsminister Stimson einzuwirken.

Gegenüber NS-Verbrechern hat er sich anders, eben gnädig verhalten, wie er selbst formulierte. Dies gilt im übrigen nicht

---

92 Rückerl, a. a. O., S. 47.
93 Landsberg – Ein Dokumentarischer Bericht. Herausgegeben vom Information Services Division Office Of The High Commissioner For Germany, Jan. 1951.

nur für jene Männer, an deren Händen das Blut Zehntausender wehrloser Opfer klebt. Es gilt auch für einige der Spitzen des Nazistaates, die im Prozeß gegen die Hauptkriegsverbrecher vor dem Internationalen Militärtribunal in Nürnberg verurteilt worden sind. Die Belege dafür hat einer der Verurteilten selbst geliefert: Hitlers Rüstungsminister Albert Speer, in Nürnberg zu zwanzig Jahren Freiheitsstrafe verurteilt, die Speer in Berlin-Spandau verbüßt hat und als gerecht bezeichnet.

Noch während seiner Tätigkeit in Deutschland hat McCloy sich für die Familie Speer eingesetzt, und zwar nicht bei irgendwem, sondern beim Außenminister der USA, Dean Acheson. In seinem »Spandauer Tagebuch« schreibt Speer[94]:

»17. Juni 1952 . . . Spätabends kommt Paese (ein Wärter, d. V.) in meine Zelle. ›Hier, Stars and Stripes (ein amerikan. Truppenblatt, d. V.) meldet, daß Ihre Tochter nach Amerika darf. Gratuliere!‹ Die Zeitungsnotiz besagt, daß McCloy bei Außenminister Acheson interveniert habe. Außerdem habe eine angesehene jüdische Familie Hilde (Speers Tochter, d. V.) eingeladen. Merkwürdigerweise bewegt mich die Nachricht so sehr, daß ich kaum die Tränen zurückhalten kann.«

McCloys Einsatz für Hilde Speer war mit der Fürsprache bei Außenminister Acheson keineswegs zu Ende. Am 24. Juli 1952 notierte Albert Speer in seiner Spandauer Zelle[95]:

»Hilde auf dem Atlantik. Im letzten Augenblick wurde sie mit einigen anderen Schülern von einem Frachter auf die ›United States‹ umdisponiert. Chefwärter Felder erzählte, daß auch McCloy, der sein Amt als Hoher Kommissar in Deutschland beendet hat, auf diesem Schiff zurückfährt.«

McCloys Fürsorge ging also offenkundig bis zur Umdisposition vom Frachter auf das Luxusschiff.

Eintragung 12. Oktober 1952[96]:

»Lange Kassiber Hildes aus Hastings. Sie ist glücklich, der Unterricht macht ihr Freude. Die Schwiegereltern John McCloys wohnen im gleichen Ort und luden Hilde zum Tee ein.

---

94 Albert Speer, a. a. O., S. 307 f.
95 Ebenda, S. 311.
96 Ebenda, S. 319.

Dabei traf sie mit McCloy und dessen Frau zusammen. Wenn ich vor einem amerikanischen Gericht gestanden hätte, so äußerte sich McCloy, wäre ich längst frei.« Gewiß, denn dann hätte der Hohe Kommissar der US-Zone die Begnadigung verordnen können – wie bei den Mördern der Einsatzgruppen und Einsatzkommandos. Speer war aber von einem Alliierten Gericht verurteilt worden und deshalb waren McCloys Möglichkeiten begrenzt.

Den Beweis dafür, daß er Speer aus Spandau herausholen wollte, lieferte McCloy selbst. Speer schrieb am 12. Juni 1956 in sein Tagebuch[97]:

»Über Hilde einen Brief John McCloys an meine Frau vom 12. Mai erhalten. Er verspricht, sich mit dem State Department in Verbindung zu setzen, und fährt fort: ›Ich habe die feste Überzeugung, daß Ihr Gemahl entlassen werden sollte. Ich wäre sehr glücklich, wenn ich zur Beschleunigung seiner Entlassung irgend etwas beitragen könnte.‹«

12. Januar 1957[98]:

»McCloy hat einem Vertrauten in der Industrie geschrieben, daß das State Department meiner Entlassung positiv gegenübersteht. Er glaube, daß in absehbarer Zeit meine Entlassung bei den Sowjets erreicht werden könne.«

Woran Speer offenbar selbst nicht glaubte, denn er schloß die Eintragung mit der Frage[99]:

»Warum regt mich das nicht mehr auf?«

McCloys Fürsorge dauerte an. Am 8. September 1958 besuchte der Botschafter der USA in Bonn, David Bruce, Speer in dessen Spandauer Zelle und überbrachte Grüße von McCloy[100]. Daß sogar Adenauers damaliger Staatssekretär Hans Globke, der Kommentator der berüchtigten »Nürnberger Gesetze«, eingeschaltet wurde, um Speer vorzeitig aus Spandau herauszuholen, kann in diesem Zusammenhang nicht überraschen[101].

97 Ebenda, S. 435.
98 Ebenda, S. 455.
99 Ebenda.
100 Ebenda, S. 497.
101 Ebenda, S. 499.

Mit der Gnadenpraxis von John McCloy hat sich auch Benjamin B. Ferencz beschäftigt, und zwar unter dem Aspekt der Ausbeutung jüdischer Zwangsarbeiter als Arbeitssklaven. Nach seinen Recherchen hat bei der Begnadigungswelle auch McCloys Ehefrau eine wesentliche Rolle gespielt. Sie habe bereits im Zusammenhang mit den Nürnberger Prozessen von der »Rache des Siegers«[102] gesprochen. Der Gnadenausschuß, der McCloy beraten sollte, tagte im Sommer 1950 in der Nähe von München. Nicht ein einziges Mitglied des Nürnberger Tribunals sei befragt worden, schreibt Ferencz, obwohl gerade die Führer der Einsatzgruppen und Einsatzkommandos wegen Verbrechen verurteilt worden waren, die »überall gegen Gesetze verstoßen«.

Die Zusammenhänge zwischen einem deutschen »Wehrbeitrag«, wie damals formuliert wurde, und der Begnadigung von NS-Massenmördern hat Falko Kruse bereits im Jahre 1978 dargelegt[103]. Auch er ist zu der Erkenntnis gekommen, daß es in wesentlichen Fällen der Fürsprache Deutscher bei McCloy gar nicht bedurft hätte. Das gilt auch für die Aktivitäten der beiden deutschen Generale des Zweiten Weltkrieges, Hans Speidel und Adolf Heusinger[104].

»Die Initiativen von Speidel und Heusinger als den militärischen Sachverständigen der Bundesregierung richteten sich Ende Januar 1951 auf die von den Alliierten verurteilten Kriegsverbrecher. Diese waren nach alliiertem Recht bestraft worden, weil sie Verbrechen gegen die Menschlichkeit oder Kriegsverbrechen begangen hatten. Bei den Verurteilungen – die in bestimmten Kreisen als ›Siegerjustiz‹ diffamiert wurden – darf nicht außer acht gelassen werden, ›daß die materiellrechtliche Grundlage dieser Rechtsprechung ganz unzweifelhaft auch nach innerstaatlich deutschem Recht durchaus richtig

---

102 Benjamin B. Ferencz: Less Than Slaves – Jewish Forced Labor and the Quest for Compensation, Harvard University Press, Cambridge, Massachusetts and London, England, 1979, S. 72 ff.
103 Falko Kruse: NS-Prozesse und Restauration. Zur justiziellen Verfolgung von NS-Gewaltverbrechern in der Bundesrepublik, »Kritische Justiz« 1978, Heft 2.
104 Kruse, a. a. O., S. 115 f.

und rechtmäßig gewesen ist«.« (Wie der Strafrechtler Prof. Noll nachgewiesen hat – d. V.) Sämtliche Straftaten waren ebenfalls nach dem zur Tatzeit geltenden deutschen Strafgesetz als Mord, Totschlag, Körperverletzung, Freiheitsberaubung etc. mit Strafe bedroht.

In einer makabren nächtlichen Zusammenkunft mit zwei Besatzungsoffizieren versuchten Speidel und Heusinger, den amerikanischen Hochkommissar zu einem generellen Gnadenerweis für Kriegsverbrecher zu bewegen. Einer an dem Gespräch Beteiligten, Charles W. Thayer, berichtete später über die Episode als eine der unheimlichsten in seiner diplomatischen Laufbahn: »Erst als sie ihre schweren Wintermäntel abgelegt hatten, erkannte ich in ihnen Heusinger und Speidel. Düster bestätigten sie: Wenn die Landsberger Verurteilten gehängt werden sollten, bliebe das deutsche Verteidigungsbündnis gegen den Osten eine Illusion.

Wir wiesen darauf hin, daß einige der Verurteilten solcher Verbrechen schuldig befunden waren, daß jedes deutsche Gericht sie ohne weiteres gehängt hätte. Wenn das Verbrechen straffrei ausging, welche Sicherheit gab es dann gegen eine Wiederholung solcher Barbarei in einem neuen Krieg? Überdies war zu bedenken, daß die Reaktion der öffentlichen Meinung in Amerika im Fall, daß McCloy in einer mitleidigen Anwandlung alle begnadigte, mehr zu fürchten sein könnte als selbst die gräßlichen Folgen, die im umgekehrten Fall nach Meinung unserer Besucher in Deutschland eintreten würden. Es stünde etwas Größeres auf dem Spiel, war ihre Antwort . . . Niemand könnte leugnen, daß die Verbrechen Deutschlands, auch aus der Zeit vor dem Kriege, gegenüber den Juden und Slawen ungeheuer waren, aber um das Volk dazu zu bringen, diese Schuld anzuerkennen und zu bereuen, müßten wir das Recht durch Gnade mildern. ›Gnade vor Recht‹, plädierte mein deutscher Freund verzweifelt. ›Die Gnade ist die Würze des Rechts‹ und ›Tue recht, aber vergiß nicht die Gnade!‹. Tatsächlich war dieser Aktion Heusingers und Speidels kein unmittelbarer Erfolg beschieden, da McCloy seine Entscheidung über das Ausmaß der Begnadigung bereits getroffen hatte.«

Speidel und Heusinger hätten sich also gar nicht so vehement für jene Massenmörder einzusetzen brauchen. McCloy hatte schon beschlossen, sie zu begnadigen.

Zurück ins Jahr 1944. Am 22. Januar 1944 hatte Präsident Roosevelt den War Refugee Board (WRB) gebildet. Es war seine erste Maßnahme zugunsten der Flüchtlinge und hier vor allem der Juden. Roosevelt stand den Juden keineswegs besonders freundlich gegenüber, was nicht zuletzt wirtschaftliche Hintergründe hatte. Dennoch entschied er nun, der Kriegsflüchtlingsausschuß solle alles tun, was in seiner Macht stehe, um diesen vom Tode bedrohten Menschen zu helfen. Solche Maßnahmen dürften freilich nicht zu Lasten der Kriegführung gehen. Die Anregung zur Gründung dieses humanitären Gremiums hatte übrigens Finanzminister Henry Morgenthau jr. gegeben, dessen Amt ebenso wie das Außenministerium und das Kriegsministerium durch ihre Minister die Arbeit des Ausschusses zu unterstützen hatten. David Wyman zitiert die Anweisung des Präsidenten[105], es sei »die Pflicht« der Minister gewesen, »auf Wunsch des Ausschusses dessen Pläne und Programme auszuführen«.

Der Verbindungsmann zum Kriegsministerium, John McCloy, wurde, wie schon festgestellt, spätestens am 21. Juni 1944 zum ersten Mal von dem Exekutivdirektor des Ausschusses, John W. Pehle, um die Bombardierung der Eisenbahnlinien zwischen Ungarn und Auschwitz gebeten. Von diesem Tage an war McCloy die Schlüsselfigur. Was er vorschlug, ging sowohl an den Verteidigungsminister als auch an Pehle.

Die Versuche des Ausschusses, Maßnahmen im Sinn der Anordnung von Präsident Roosevelt durchzusetzen, um endlich mehr NS-Verfolgten zu helfen, setzten freilich viel früher ein. Sie schlugen allerdings ebenfalls fehl.

Wyman datiert den ersten Versuch in dieser Richtung in den »späten Januar« 1944[106], also offenkundig unmittelbar nach Gründung des WRB. Es handelte sich um die Bitte an die britische Regierung, das Ziel des Ausschusses aktiv zu unterstützen. Wyman weiter[107]:

105 Wyman, »Why Auschwitz Was Never Bombed«, a. a. O., S. 38.
106 Ebenda, S. 39.
107 Ebenda.

»Die britische Regierung, die während des ganzen Krieges wenig Neigung zeigte, den europäischen Flüchtlingen zu helfen, war nur widerwillig zur Zusammenarbeit bereit, weil die Mitgliedschaft des Kriegsministers im Ausschuß bedeutete, daß bewaffnete Streitkräfte für die Rettung von Flüchtlingen verwendet werden könnten. Deshalb versicherte das Kriegsministerium den Briten zur Beruhigung, folgende Politik werde fortgesetzt: ›Es ist nicht beabsichtigt, Verbände der bewaffneten Streitkräfte zur Rettung von Opfern der gegnerischen Verfolgung zu verwenden, es sei denn, solche Hilfsmaßnahmen wären das unmittelbare Ergebnis militärischer Operationen und stünden in direktem Zusammenhang mit der Vernichtung der Truppen des Feindes.‹«

Ebenfalls Ende Januar 1944 schlug der Ausschuß vor, den Kommandeuren auf sämtlichen Kriegsschauplätzen nahezulegen, in ihrem Bereich alles nur mögliche für Flüchtlinge und NS-Verfolgte zu tun. Der Vorschlag wurde unmittelbar dem Vertreter des Kriegsministeriums im Ausschuß, John McCloy, vorgetragen. McCloy leitete ihn an das Büro des Stabschefs weiter, machte freilich vorher die Bemerkung, er habe große Bedenken, die Armee mit dieser Frage zu belasten, solange der Krieg nicht zu Ende sei. Und so ist es denn wohl zu erklären, daß im Februar in einem internen Memorandum des Kriegsministeriums erneut mit Nachdruck betont wurde, die spürbarste Hilfe werde den Verfolgten gegeben, wenn man so schnell wie möglich die Achsenmächte besiege[108].

Es gibt offenkundig kein Schriftstück mit der Unterschrift McCloys, in dem dieser wenigstens andeutungsweise seine Bereitschaft erklärt hätte, Anweisungen im Sinn des Präsidenten Roosevelt bei der Berufung des Kriegsflüchtlingsausschusses zu erteilen.

Im Frühsommer 1944 lauteten die Bitten freilich noch nicht: Bombardiert die Gaskammern und Krematorien. Die jüdischen Organisationen, die um Rettung bemüht waren, hielten vermutlich unmittelbare Angriffe auf diese Ziele für außerordentlich schwer, vielleicht gar für unmöglich. Sie waren

108 Wyman, a. a. O., S. 39.

schließlich auch keine Militärexperten, dachten deshalb, die Zerstörung der Bahnlinien nach Auschwitz müßte schon viel bewirken.

Im Laufe des Hochsommers freilich deuteten sich Änderungen an. Nun wurde immer intensiver um direkte Angriffe auf Auschwitz gebeten. Doch noch ehe solche Bitten an amerikanische Regierungskreise herangetragen wurden, schlug ein Mitglied des Ausschusses selbst vor, Auschwitz direkt zu bombardieren. Es war Benjamin Akzin[109] und er bediente sich der Argumente, die das Kriegsministerium hätten überzeugen müssen. Akzin meinte, Bahnlinien seien leicht instandzusetzen. Bei den Todesanlagen selbst hingegen würde dies außerordentlich schwierig sein. Akzin war nicht irgendein Mitglied des Ausschusses, er gehörte vielmehr dem Vorstand an und hatte noch ein weiteres Argument, das für direkte Angriffe auf Auschwitz sprach: die in unmittelbarer Nähe liegende Industriemetropole Oberschlesiens Kattowitz. Von Kattowitz nach Auschwitz sind es nur etwa 30 Kilometer. Wyman weist nach, daß die nächste Bitte, Auschwitz aus der Luft anzugreifen, vom »Notkomitee zum Schutz des Jüdischen Volkes in Europa« kam. Das Komitee wandte sich freilich nicht an den WRB, sondern sprach Präsident Roosevelt selbst an. Angriffe auf die Bahnlinien und auf Auschwitz wären sowohl strategisch als auch als Hilfe für die Häftlinge sinnvoll, weil die Bahnlinien militärisch bedeutungsvoll seien und aus einem von Bomben teilweise zerstörten Auschwitz Häftlinge fliehen könnten. Das erste Argument traf zu, das zweite kaum.

Es gibt zahlreiche Berichte über Fluchtversuche. Kaum einer glückte. Die Flucht von Vrba und Wetzler ist nicht zuletzt deshalb ein Stück Auschwitz-Geschichte geworden.

Ähnlich wie Akzin schätzte auch das Mitglied der tschechoslowakischen Exilregierung in London, Ernst Fischer, die Lage ein. Er wandte sich schriftlich an Leon Kubowitzki vom World Jewish Congress in New York und empfal die Bombardierung der Gaskammern und Krematorien, weil die Unterbrechung der Bahnverbindungen kaum etwas bringe. Kubowitzki bat

---

109 Ebenda, S. 40.

McCloy schriftlich, den Vorschlag aus London zu unterstützen. Das war am 9. August 1944. Bereits fünf Tage darauf bekam Kubowitzki Antwort von John McCloy. David Wyman hat den Wortlaut des Schreibens veröffentlicht[110]:

»Lieber Herr Kubowitzki, ich beziehe mich auf Ihren Brief vom 9. August, in dem Sie um Aufmerksamkeit für einen Vorschlag bitten, den Herr Ernst Fischer gemacht hat, bestimmte Einrichtungen und Bahnknotenpunkte zu bombardieren.

Der Kriegsflüchtlingsausschuß ist in dieser Sache bereits ans Kriegsministerium herangetreten, das die Durchführbarkeit dieses Vorschlages geprüft hat. Nach der Prüfung wurde deutlich, daß ein derartiges Unternehmen nur mit erheblicher Luftunterstützung ausgeführt werden kann, die wir aber für den Erfolg unserer Streitkräfte benötigen, die sich jetzt überall in entscheidenden Operationen befinden, und außerdem wäre der Erfolg so zweifelhaft, daß es nicht den Einsatz unserer Kräfte rechtfertigen würde. Ein bedenkenswerter Einwand lautete, daß selbst wenn ein solches Unternehmen erfolgreich verlaufen würde – vorausgesetzt, es ist überhaupt durchführbar –, könnte es die Deutschen zu noch rachsüchtigeren Aktionen provozieren. Das Kriegsministerium schätzt die humanitären Beweggründe durchaus, die hinter diesem Vorschlag stehen, aber wegen der genannten Gründe kann und sollte ihm nicht entsprochen werden, zumindest nicht jetzt.

Aufrichtig

John J. McCloy

Assistant Secretary of War«

Daß die Budapester Juden schließlich nicht nach Auschwitz transportiert, sondern zu vielen Zehntausend zu Fuß verschleppt wurden, war im August 1944 nicht abzusehen.

In jüdischen Kreisen vor allem in New York bangte man selbstverständlich um das Leben der Juden in diesem letzten europäischen Ghetto und wollte nichts unversucht lassen, den braunen Massenmördern die Ermordung jener etwa 400 000 Juden so schwer wie möglich zu machen.

110 Ebenda.

Deshalb wandte sich der New Yorker orthodoxe Rabbiner Abraham Kalmanowitz[111] Anfang September telefonisch an Benjamin Akzin und bat ihn, den Einfluß des WRB einzusetzen, um Bombenangriffe auf die Bahnverbindungen zwischen Budapest und Auschwitz zu erreichen. Akzin sprach am nächsten Tag mit John W. Pehle. Doch große Hoffnungen machte man sich nicht mehr. Zu deprimierend waren die Erfahrungen mit dem Kriegsministerium und insbesondere mit McCloy während der zurückliegenden Wochen und Monate gewesen. Dennoch ließ der WRB nicht davon ab, weitere Versuche zu unternehmen.

Die nächste Initiative kam, wie Wyman belegt, aus London. Gegen Ende September baten Mitglieder der polnischen Exilregierung den Vertreter des WRB in der britischen Hauptstadt, James Mann, seinen Einfluß geltend zu machen, um Bombenangriffe auf die Gaskammern durchzusetzen. Pehle scheint zunächst gezögert zu haben, noch einmal mit McCloy darüber zu sprechen. Schließlich dürfte ihn allerdings die gesamte Entwicklung des Krieges in Osteuropa davon überzeugt haben, daß ungezählte Häftlinge gerade im Herbst 1944 in höchster Lebensgefahr schwebten. Die Rote Armee war auf dem Vormarsch nach Westen. Das Konzentrations- und Vernichtungslager Lublin-Majdanek war als erstes bereits am 22. Juli 1944 befreit worden. Die Sowjetunion verfügte also über »Anschauungsmaterial«. Es hat die sowjetische Führung freilich offenbar nicht sonderlich beeindruckt. Denn der sowjetische Regierungschef Josef W. Stalin erwähnte mit keinem Wort die Entsetzlichkeiten, die seine Truppen bei der Befreiung von Lublin-Majdanek vorfanden. Am 23. Juli 1944 teilte er dem britischen Premierminister Winston Churchill vielmehr schlicht mit[112]:

»Die Ereignisse an unserer Front rollen in sehr schnellem Tempo ab. Lublin, eine der großen Städte Polens, ist heute von unseren Truppen, die ihren Vormarsch fortsetzen, eingenommen worden.«

111 Ebenda.
112 Briefwechsel Stalins mit Churchill, Attlee, Roosevelt und Truman 1941–1945, Rütten & Loening, Berlin 1961, S. 300.

Majdanek erwähnte Stalin weder in diesem noch in einem der nächsten Schreiben an Churchill, und auch in der Korrespondenz mit Präsident Roosevelt kommt das Lager nicht vor.

Die Alliierten mußten wissen, daß die Nazis versuchen würden, die Spuren ihrer Verbrechen zu verwischen und keinen Zeugen überleben zu lassen. Und genau darin bestand die akute Lebensgefahr für die Gefangenen auch in Auschwitz.

Ebendies mag den Exekutivdirektor des WRB, John W. Pehle, bewogen haben, noch einmal einen Vorstoß bei McCloy zu versuchen, »obwohl nicht überzeugend«, wie David Wyman zutreffend bemerkt. Das war am 3. Oktober 1944.

McCloys persönlicher Referent, Gerhard, empfahl seinem Chef, nichts zu unternehmen, weil das ganze Problem ja bereits durchdiskutiert worden sei. John McCloy ließ sich denn auch von den gewichtigen Argumenten, die Pehle für eine Bombardierung von Auschwitz vortrug, nicht überzeugen. »Keine Aktion«, war seine Antwort und dabei blieb es.

David Wyman hat ein einziges Datum ermitteln können, in dem das Kriegsministerium in Washington eine seiner in Europa kämpfenden Einheiten aufgefordert hat, wenigstens die Möglichkeit zu überdenken, Auschwitz anzugreifen. Der Oberkommandierende aller amerikanischen Luftstreitkräfte in Europa war General Carl Spaatz. Er wurde Anfang Oktober 1944 aufgefordert, über eine solche Aktion nachzudenken. Einer der Berater von Spaatz, Generalmajor Frederick L. Anderson, riet seinem Chef jedoch ab, und zwar mit einer Begründung, die zumindest einen nicht nur militärstrategisch denkenden Menschen gewiß nicht hätte überzeugen können. Anderson meinte in einem Memorandum für Spaatz vom 5. Oktober 1944[113]:

»Ich bin nicht der Ansicht, daß die unglücklichen in den Konzentrationslagern zusammengepferchten Polen ihre Lage durch die Vernichtung der Todeskammern verbessern würden. Außerdem besteht die Möglichkeit, daß einige Bomben die Häftlinge treffen, und in diesem Fall hätten die Deutschen ein schönes Alibi für schlechthin jedes ihrer Massaker. Ich emp-

113 Wyman, a. a. O., S. 41.

fehle daher, dieses Projekt durch nichts zu befürworten.« Was denn auch geschah.

Auf eine Nuance in dem Memorandum muß allerdings aufmerksam gemacht werden. Gewiß, auch das polnische Volk war von den Nazis zu Untermenschen erklärt worden. Doch nur die Juden sollten samt und sonders ermordet, ausgerottet werden. Es ging in Auschwitz in erster Linie um Juden, während Anderson ausschließlich Polen erwähnt. Dies muß nicht, es kann aber Absicht gewesen sein.

Der letzte Versuch fällt in den November 1944, wenige Wochen, ehe in Auschwitz auf den Befehl des Reichsführers-SS Heinrich Himmler vom 26. November damit begonnen wurde, die Gaskammern und Krematorien zu zerstören. Erst am 1. November 1944 gelangte der vollständige Bericht der Auschwitz-Flüchtlinge Vrba und Wetzler in den Besitz des WRB. Dies ist um so erstaunlicher, als das Dokument bereits Monate zuvor Grundlage einer Besprechung zwischen Pehle und McCloy gewesen war. Erst durch diesen Bericht erfuhr jedenfalls der Kriegsflüchtlingsausschuß das volle Ausmaß der Grauen von Auschwitz – ein Grund, weshalb der Bericht hier in seinem vollen Wortlaut im Anhang abgedruckt ist.

Es erübrigt sich nun, erneut festzustellen, daß auch dieser letzte Versuch scheiterte. In jenen Wochen ging die Geschichte der größten nationalsozialistischen Mordanstalt ohnehin auf ihr Ende zu.

Am 5. Januar 1945 verläßt der letzte Häftlingstransport die Reichshauptstadt nach Auschwitz – mit fünf Juden. Am 6. Januar stranguliert die SS auf dem Appellplatz vier junge Mädchen öffentlich am Galgen. Sie sollen Sprengstoff geschmuggelt haben. Dies war die letzte Hinrichtung. Am 17. Januar ergeht der Befehl, alle Auschwitzlager zu räumen. Beim letzten Appell werden 66 020 Häftlinge gezählt. Als zehn Tage später sowjetische Verbände das Stammlager erreichen, finden sie etwa 5000 Gefangene. Sie hatte die SS offenbar nicht mehr ermorden können, ehe sie floh[114].

114 Diese Zahlen stammen aus »Auschwitz – Zeugnisse und Berichte« von H. G. Adler, Hermann Langbein, Ella Lingens-Reiner, Europäische Verlagsanstalt, Frankfurt 1979, S. 284.

Die sowjetische Haltung

Roger M. Williams schließt seinen Beitrag zur Frage »Warum wurde Auschwitz nicht bombardiert?« mit dem Satz des Historikers Henry Feingold[115]: »Der Zweite Weltkrieg hätte nie zu einem Krieg zur Rettung der Juden werden können. Aber dreißig Jahre danach wird mehr und mehr deutlich, daß das Symbol jener und unserer Zeit nicht Remagen, nicht die Küste der Normandie, sondern Auschwitz war.«
Nie zuvor ist unter dem Deckmantel eines Krieges ein so grauenhaftes Verbrechen verübt worden wie jene »Endlösung der Judenfrage« durch die Nazis.
David Wyman stellt zur selben Frage abschließend fest[116]: »Daß die verzweifelte Bitte der Juden keinerlei aktive Antwort erfuhr, bleibt eine Quelle zum Wundern und eine Lehre, auch für heute.«
Tatsächlich ist es rückblickend unbegreiflich, daß der Befehl des Präsidenten der Vereinigten Staaten ebenso von Beamten mißachtet worden ist wie die Anordnung des britischen Premierministers Winston Churchill und seines Außenministers Anthony Eden.
Ob die sowjetische Regierung irgendwann einmal dieses Thema erörtert hat, entzieht sich vorläufig unserer Kenntnis. Ihre Archive werden in absehbarer Zeit nicht geöffnet werden.
Daß sie um Hilfe gebeten worden ist, steht jedoch fest, ebenso wie nicht bezweifelt werden kann, daß die Sowjetunion technisch in der Lage war, Auschwitz-Birkenau mit Präzisionsangriffen zu überziehen.

115 R. M. Williams, a. a. O., S. 751.
116 Wyman, a. a. O., S. 46.

Als die »Kommission für die Herausgabe diplomatischer Dokumente beim Ministerium für Auswärtige Angelegenheiten der UdSSR« im Jahre 1961 im Verlag Rütten & Loening die deutsche Übersetzung des Bandes »Briefwechsel Stalins mit Churchill, Attlee, Roosevelt und Truman« herausgab, ahnte der Vorsitzende der Kommission und spätere Außenminister der Sowjetunion, Andrej Gromyko, vermutlich nicht, daß in den veröffentlichten Schriftwechseln wichtige Hinweise auch zur Frage der Bombardierung von Auschwitz enthalten waren. Damals spielte diese Frage in der öffentlichen Diskussion noch keine Rolle.

Nun freilich ist die Forschung in der Lage, zumindest Schlüsse aus dem zu ziehen, was Stalin seinerzeit vorgeschlagen und geliefert worden ist.

Technisch war die Sowjetunion den USA und auch England unterlegen. Nicht zuletzt erst durch amerikanische Hilfe konnte die Sowjetunion schließlich die deutschen Okkupanten aus ihrem Land verjagen.

Zu den Flugzeugtypen, die von den USA geliefert wurden, gehörten auch die berühmten Jagdflugzeuge vom Typ P-40-N. Dies geht aus einer »Geheimen und persönlichen Botschaft von Präsident Roosevelt an Premier Stalin« eindeutig hervor[117]. Roosevelt teilte Stalin am 16. Juni 1943 mit:

»Ich habe Anweisung gegeben, daß Sie bis Ende 1943 über die neue Protokollvereinbarung hinaus noch zusätzlich folgende Flugzeuge erhalten sollen:

78 Bomber vom Typ B-25
600 Jäger vom Typ P-40-N

Wir haben keine wendigeren Jagdflugzeuge als den Typ P-40-N, der mit ausgezeichneten Ergebnissen bei den jüngsten Kämpfen in Tunesien eingesetzt wurde. Dieses Flugzeug hat sich als unser bester Schutz gegen Sturzkampfbomber erwiesen. Es hat sich auch gezeigt, daß dieses Flugzeug als Schutz für Tiefangriffe ausführende P-39 sehr nützlich ist.

Wir werden in der Lage sein, Ihnen im November das Lieferverzeichnis für die zweite Hälfte des Protokolljahres

---

117 Briefwechsel, a. a. O., S. 541.

vorzulegen, da wir dann die Flugzeuglage wieder überprüft haben.«

Die sowjetische Luftwaffe besaß also bereits im Sommer 1943 amerikanische Bomber und Jagdflugzeuge modernsten Typs. Mit Flugzeugen vom Typ P konnten Präzisionsangriffe geflogen werden, wie der Pilot der US-Air Force, Charles Bachman, bezeugt hat. Mit Bombern vom B-Typ sind bereits 1943 die Ölfelder im rumänischen Ploesti angegriffen worden. Die Sowjetunion konnte sich folglich nicht damit herausreden, jene Waffen hätten ihr gefehlt – davon abgesehen, daß ihre Flugplätze Hunderte von Meilen näher bei Auschwitz lagen als alle, die bis zum Ende des Krieges den Westalliierten zur Verfügung standen.

Der zweite Punkt: Die Sowjets sind um Hilfe gebeten worden, und zwar während des Aufstandes der polnischen Untergrundarmee im Sommer 1944. Am 27. Juli 1944 befreien sowjetische Truppen die alte polnische Universitätsstadt Lemberg, am 28. Juli nehmen sie Brest-Litowsk ein. Der Kommandeur der polnischen Untergrundarmee, General Bor-Komorowski, gibt deshalb am 1. August in Warschau den Befehl zum Aufstand. Er erwartet, daß die Sowjets in kurzer Zeit zum Sturm auf die polnische Hauptstadt antreten. Er irrt sich. Die sowjetischen Angriffsspitzen bleiben am Weichselufer stehen. Am 2. August 1944 schreibt Stalin an Roosevelt[118]:

»Hinsichtlich der polnischen Frage hängt in erster Linie alles von den Polen selbst ab und davon, wie diese oder jene Persönlichkeiten aus der polnischen Exilregierung es verstehen werden, mit dem bereits in Polen wirkenden Polnischen Komitee der Nationalen Befreiung, um das sich immer mehr demokratische Kräfte Polens scharen, zusammenzuarbeiten. Ich bin meinerseits bereit, alle Polen in dieser Sache zu unterstützen.«

So groß war die Bereitschaft Stalins zur Unterstützung allerdings nun auch nicht. Am 20. August baten der britische Regierungschef Winston Churchill und der amerikanische

---

118 Ebenda, S. 637.

Präsident Franklin D. Roosevelt Stalin dringend um Hilfe für die polnischen Freiheitskämpfer in Warschau[119]:

»Wir denken an die Weltöffentlichkeit, wenn die Nazigegner in Warschau wirklich im Stich gelassen werden. Wir glauben, daß wir alle drei das Äußerste unternehmen sollten, um so viele der dortigen Patrioten wie nur möglich zu retten. Wir hofften, daß Sie die notwendigsten Vorräte und Kriegsmaterialien für die polnischen Patrioten in Warschau abwerfen werden, oder wären Sie bereit, unseren Flugzeugen zu helfen, dies schnellstens zu tun? Wir hoffen, daß Sie zustimmen. Der Zeitfaktor ist von äußerster Wichtigkeit.

Roosevelt
Churchill«

Nach Warschau waren die USA und England also im August 1944 bereit, Flugzeuge zu schicken, nach Auschwitz jedoch nicht. Auch gibt es keine Dokumente, aus denen hervorgeht, daß die beiden westlichen Staatsmänner entweder Stalin um sowjetische Luftangriffe auf Auschwitz gebeten oder um Landeerlaubnis für amerikanische oder englische Bomber zum Auftanken nach der Bombardierung von Auschwitz ersucht haben. Stalin ließ sich nur zwei Tage mit der Antwort Zeit. Am 22. August 1944 schrieb er an Roosevelt[120]:

»Ihre und Herrn Churchills Botschaft über Warschau habe ich erhalten. Ich möchte dazu meine Meinung äußern.

Früher oder später wird die Wahrheit über die Verbrecherbande, die das Warschauer Abenteuer anzettelte, um die Macht an sich zu reißen, allen bekannt werden. Diese Elemente haben das Vertrauen der Warschauer ausgenutzt und viele praktisch wehrlose Menschen den deutschen Kanonen, Panzern und Flugzeugen ausgeliefert. Es ist eine Lage entstanden, bei der jeder neue Tag nicht den Polen für die Befreiung Warschaus, sondern den Hitlerfaschisten nutzt, die in unmenschlicher Weise die Einwohner Warschaus ausrotten.

Vom militärischen Gesichtspunkt aus ist die entstandene Situation, die die besondere Aufmerksamkeit der Deutschen

---

119 Ebenda, S. 640.
120 Ebenda, S. 641 f.

auf Warschau lenkt, sowohl für die Rote Armee wie für die Polen außerordentlich unvorteilhaft. Dennoch tun die sowjetischen Truppen, die in der letzten Zeit auf neue beachtliche Versuche der Deutschen gestoßen sind, Gegenangriffe durchzuführen, ihr Möglichstes, um diese Gegenangriffe der Hitlerfaschisten zurückzuschlagen und bei Warschau zu einer neuen groß angelegten Offensive überzugehen. Es kann keinen Zweifel geben, daß die Rote Armee keine Anstrengungen scheuen wird, um die Deutschen bei Warschau zu zerschlagen und Warschau für die Polen zu befreien. Das wird die beste und wirksamste Hilfe für die polnischen Antifaschisten sein.«
Dieser Meinung waren freilich weder die polnischen Patrioten in Warschau noch die Westalliierten. Immerhin hatte die Royal Air Force bereits – und zwar nicht zum ersten Mal – Hilfsgüter über Warschau abgeworfen. Dies ist in doppelter Hinsicht von Bedeutung: erstens wegen der Tatsache, daß Flugzeuge nach Warschau geschickt wurden, zweitens, weil es sich um Freiwillige handelte. Dies ergibt sich aus einem Schreiben Churchills an Stalin vom 10. August 1944. Es ist eingestuft als »persönliche und streng geheime Botschaft«[121]:
»2. Gestern nacht haben polnische Flieger einen neuen Versuch unternommen, weiteres Kriegsmaterial nach Warschau zu bringen. Wie berichtet wird, haben sie ihr Ziel erreicht.«
Da es seit der Niederlage Polens im September 1939 keine polnische Luftwaffe mehr gab, viele Polen aber in den britischen Streitkräften dienten und für den Einsatz über Warschau »polnische Flieger« ausgesucht worden waren, kann es sich nur um Freiwillige gehandelt haben.
Freiwillige für Angriffe auf Auschwitz hätte es zweifellos sowohl in der britischen als auch in der amerikanischen Luftwaffe gegeben. Den Beweis dafür hat der amerikanische Pilot Charles Bachman angetreten[122]. Die Oberkommandierenden haben aber niemals danach gefragt, ob sich Flieger für Einsätze nach Auschwitz zur Verfügung stellen würden. Dies ist nicht die Schuld der Kommandeure bestimmter Luftflotten.

121 Ebenda, S. 311.
122 WDR-HF-Archiv.

Ihnen war schließlich nicht bekannt, daß immer wieder Angriffe auf Auschwitz erbeten worden sind. General Ira Eaker ist ein beredtes Beispiel dafür.

Daß Einsätze von Italien nach Warschau jedenfalls im August 1944 möglich waren, hat im übrigen Premierminister Winston Churchill selbst bestätigt, indem er am 12. August 1944, also nicht einmal zwei Wochen nach Beginn des Aufstandes in Warschau, eine »Persönliche und streng geheime Botschaft . . . an Marschall Stalin« schickte[123]:

»Ich habe eine erschütternde Botschaft von den Polen in Warschau empfangen, die nach zehn Tagen noch immer gegen beträchtliche deutsche Streitkräfte, die die Stadt in drei Teile aufgespalten haben, kämpfen. Sie bitten flehentlich um Maschinengewehre und Munition. Können Sie ihnen nicht doch etwas mehr Hilfe leisten, da die Entfernung von Italien so sehr groß ist?«

Stalin freilich reagierte abwehrend und ablehnend. Der Aufstand der polnischen Freiheitskämpfer paßte nicht in sein politisches Konzept, auch wenn die um ihre Freiheit kämpfenden und auf sowjetische Hilfe wartenden Polen der sicheren Vernichtung durch die Nazis entgegengingen. Stalin ließ sich vier Tage Zeit, ehe er Churchill antwortete[124]:

»... Im weiteren habe ich mich näher mit der Warschauer Angelegenheit vertraut gemacht und bin zu der Überzeugung gelangt, daß die Aktion in Warschau ein unüberlegtes, furchtbares Abenteuer darstellt, das die Bevölkerung große Opfer kostet. Das hätte vermieden werden können, wenn das sowjetische Oberkommando vor Beginn der Warschauer Aktion informiert worden wäre und die Polen mit ihm Verbindung unterhalten hätten.

Angesichts der entstandenen Lage ist das sowjetische Oberkommando zu der Schlußfolgerung gelangt, daß es sich von dem Warschauer Abenteuer distanzieren muß, da es weder die direkte noch indirekte Verantwortung für die Warschauer Aktion tragen kann ...«

123 Briefwechsel, a. a. O., S. 312.
124 Ebenda, S. 314 f.

Wenn heute gelegentlich von sowjetischer, aber auch von polnischer Seite behauptet wird, ein Grund für den Stopp der sowjetischen Divisionen vor Warschau sei der gewesen, daß die Rote Armee fürchtete, von ihren Versorgungslinien abgeschnitten zu werden, so hat Stalin dies selbst widerlegt. Er wollte der Bevölkerung von Warschau nicht helfen, obwohl er es gekonnt hätte.

Ebenso unverantwortlich hat sich die sowjetische Führung gegenüber den Häftlingen von Auschwitz verhalten. Hier muß allerdings eine wenn auch nicht besonders wesentliche Einschränkung gemacht werden. Aus Dokumenten ist bekannt, wie die britische Regierung bereits im Juni 1942 erfahren hat, daß die Nazis alle Juden in Polen ermorden wollten[125]. Einen Monat später, also im Juli 1942, erreichte diese Nachricht die amerikanische Regierung in Washington[126]. Walter Laqueur stützt sich auf Forschungen des israelischen Historikers Yehuda Bauer – einen Fachmann von Weltrang.

Laqueur weicht auch der Frage nicht aus, ob Auschwitz hätte bombardiert werden können. Er stellt fest[127]:

»Wir wissen, daß Auschwitz und die Eisenbahnlinien, die dorthin führten, hätten bombardiert werden können, ohne den Kriegsanstrengungen der Alliierten irgendwie zu schaden. Es stimmt fraglos, daß viele Häftlinge hätten getötet werden können, aber sie waren ohnehin (zum Tode) verurteilt. Wäre es zu einer Massenflucht aus Auschwitz oder anderen Vernichtungslagern gekommen, wären die meisten wieder eingefangen worden. Zehntausende von Juden können sich nicht einfach verstecken. Aber eine gewisse Anzahl hätte fliehen können, schon einfach deshalb, weil die Nazis nicht mehr genug Leute für eine riesige Suchaktion hatten. Die sowjetische Front, daran sei ·erinnert, verlief weniger als hundert Meilen (von Auschwitz) entfernt. Kurzum Tausende, vielleicht Zehntausende wären zu retten gewesen, wenn der Massenmord unter-

125 Walter Laqueur: The First News Of The Holocaust, Leo Baeck-Inst. New York 1979, S. 5.
126 Ebenda.
127 Ebenda, S. 31 f.

brochen worden wäre. Aber kein einziger Versuch solcher Art wurde unternommen.«

Ich kann Laqueur in einem Punkt nicht zustimmen. Eine Massenflucht hätte nicht geholfen, weil dabei zu viele Häftlinge umgekommen wären. Deshalb wurde ja auch darum gebeten, die Bahnlinien, Krematorien und Gaskammern zu zerstören. Und was hätte die Flucht von einigen hundert oder tausend Häftlingen bewirken können, muß gefragt werden? Diejenigen, auf die es ankam, wußten von den Verbrechen. An Informationen hat es schließlich nicht gefehlt. Außerdem muß der jammervolle Zustand gerade der jüdischen Häftlinge in Betracht gezogen werden. Die meisten konnten sich kaum auf den Beinen halten. Sie waren krank, ausgemergelt, nicht fähig, eine längere Flucht durchzustehen.

Laqueur ist fraglos zuzustimmen, daß die Nazis keine riesige Suchaktion hätten einleiten können. Dazu fehlte es ihnen an Personal.

Nicht unterschätzt werden sollte demgegenüber die demoralisierende Wirkung von Luftangriffen. Dies gilt im übrigen nicht nur für die SS-Mannschaften in Auschwitz. Walter Laqueur stellt zutreffend fest[128]:

»Die Alliierten hätten über jene Morde viel mehr veröffentlichen, sie hätten bekanntmachen können, daß alle, die mitmordeten, als Kriminelle bestraft werden würden. Ihre Identität war bekannt, sie hätten beim Namen genannt werden müssen. Ich behaupte nicht, daß dies Hitler und Goebbels geschreckt hätte, aber es hätte Wirkung auf andere Spitzenfunktionäre gehabt, nicht zu reden von jenen auf niedrigerem Posten, die weniger eifrig waren. Die Satelliten von Nazideutschland hätten bestimmt weniger eifrig bei der ›Endlösung‹ mitgeholfen.«

Den Beweis für diese Vermutung hat die Regierung von Ungarn selbst geliefert, als sie sich nach den Protesten aus dem Ausland und der Bombardierung der Hauptstadt zeitweise erfolgreich gegen die Deportation der Juden aus Budapest wehrte.

---

128 Ebenda, S. 31.

Ein anderer Punkt ist nach meiner Meinung bisher zu wenig erörtert worden. Er hängt mit der Frage zusammen, ob die UdSSR zur Hilfe zu zwingen gewesen wären. Dies ist nicht eben wahrscheinlich, jedoch einige Überlegungen wert. Unterstellt, die Medien in der freien Welt hätten frühzeitig und fortwährend den Holocaust angeprangert, auf Möglichkeiten zu helfen hingewiesen, wäre die sowjetische Führung vermutlich um eine Stellungnahme nicht herumgekommen. Daß die westlichen Alliierten von einer so breit angelegten Propagandaaktion Abstand genommen haben, hängt einmal damit zusammen, daß es mühevoll gewesen wäre, Grausamkeiten solchen Ausmaßes glaubhaft zu machen. Es hängt aber wohl auch mit dem Zögern und schließlich dem Sichverweigern zusammen. Wenn man nicht selbst hilft, kann man dies auch nicht von anderen verlangen.

Wasserstein weist im übrigen auf eine Spur hin, aus der herzugehen scheint, daß jedenfalls die britische Regierung zu keinem Zeitpunkt die sowjetische Regierung aufgefordert hat, Auschwitz zu bombardieren. Er bezieht sich dabei auf eine Protokollnotiz des Chefs des Flüchtlingsausschusses im britischen Außenministerium, Paul Mason, vom 12. Oktober 1944. Es handelte sich um ein Gespräch zwischen Mason und einem Vertreter des Board of Deputies of British Jews vom nämlichen Tag, in dem Mason gefragt worden war, warum die britische Luftwaffe Auschwitz nicht in Zusammenarbeit mit der sowjetischen Luftwaffe angreife[129]. Zu dieser Zeit waren die Beziehungen zwischen der UdSSR und ihren westlichen Verbündeten allerdings äußerst angespannt, und zwar wegen der Weigerung Moskaus, die polnischen Freiheitskämpfer in Warschau zu unterstützen. Stalin wollte der »Verbrecherbande« in Warschau nicht helfen und lehnte auch jede Hilfe von anderer Seite ab. Deshalb hätten die Westmächte auch keine Landeerlaubnis in der Sowjetunion nach Angriffen auf Auschwitz erhalten. Jüdischen Organisationen wurde allerdings weisgemacht, wegen großer technischer Schwierigkeiten könne Auschwitz nicht bombardiert werden.

129 Wasserstein, a. a. O., S. 318.

Zehn Tage vor der Unterredung zwischen Mason und dem Vertreter des Board, also am 2. Oktober 1944, hatten die Aufständischen in Warschau kapitulieren müssen. Ihr Versuch, der Roten Armee den Vormarsch nach Westen zu erleichtern, war in einem Meer von Blut ertränkt worden, während die sowjetischen Soldaten sozusagen Gewehr bei Fuß standen. Die britische Regierung hatte große Mühe, der polnischen Exilregierung in London begreiflich zu machen, warum die Aufständischen allein gelassen worden waren. Von Versuchen, in dieser schweren Krise zwischen den wichtigsten Verbündeten Moskau zu Hilfsmaßnahmen für Auschwitz zu gewinnen, haben die Regierungen in London wie in Washington deshalb Abstand genommen. Doch zeigt sich hier die enge Verknüpfung zwischen dem Aufstand in Warschau und Bombenangriffen auf Auschwitz. In dieser Phase des Krieges darf deshalb durchaus von einer britischen und amerikanischen Tragödie gesprochen werden.

Schlußbemerkungen

».. . und schließlich drehe ich mein Herz wieder um, drehe das Schlechte nach außen, das Gute nach innen und suche immer wieder nach einem Mittel, so zu werden, wie ich so gern sein möchte, und wie ich sein könnte, wenn ... ja, wenn keine anderen Menschen auf der Welt lebten. Anne«
Das sind die letzten Sätze im »Tagebuch der Anne Frank«. Das Mädchen schrieb sie am 1. August 1944. Am nächsten Tag kamen die Nazihäscher. Der Deportationszug mit der Familie verließ die Niederlande mit dem Ziel Auschwitz am 2. September 1944. Hätten die Nazis diesen Transport noch fahren lassen, wenn zu jener Zeit Auschwitz bereits bombardiert worden wäre?

Aus einem anderen Bericht: »Ich verschaffte mir einmal die Möglichkeit, einen Tag in das Zigeunerlager zu gehen, dessen Sterblichkeitszahlen damals höher waren als die in jedem anderen Lagerabschnitt. Ich habe dort den Krankenbau gesehen, vor allem auch die Baracken, in denen die Frauen lagen, die entbunden haben. Das war der schlimmste Eindruck, den ich von zwei Jahren Aufenthalt in Auschwitz im Gedächtnis behalten habe: Auf dreistöckigen Pritschen lagen die Frauen auf Strohsäcken. Eine Frau, die auf der obersten Pritsche nackt lag, sang vor sich hin. Der Pfleger sagte: ›Das ist die Glücklichste von allen, sie ist wahnsinnig geworden.‹ Der Boden in der Baracke war gestampfte Erde, es gab keinerlei hygienische Einrichtungen. Anschließend an diese Baracke war ein Holzverschlag, in dem die Leichen gesammelt wurden. Die meisten waren Babyleichen. Dazwischen liefen Ratten.
Die Hauptsorge der SS war, daß jedes neugeborene Kind sofort

die Häftlingsnummer eintätowiert bekommt, damit – wenn es stirbt – richtig verbucht werden kann, wer gestorben ist. Normalerweise wurde den Häftlingen ihre Nummer in Auschwitz in den linken Unterarm eintätowiert. Da die Arme der Babies dafür zu klein waren, wurde diesen ihre Nummer in den Oberschenkel eingestochen.

Die Zigeuner, die in Birkenau unter solchen Verhältnissen leben mußten, hatten schließlich folgendes Schicksal: Diejenigen deutschen Zigeuner, die von der Front nach Auschwitz gebracht wurden – darunter auch solche, die noch Uniform und Auszeichnungen trugen –, sind in ein anderes Lager überstellt und sterilisiert worden. Die restlichen Zigeuner, die die anderthalb Jahre überleben konnten, die das Zigeunerlager bestanden hat, wurden in der Nacht vom 2. zum 3. August 1944 in einer Gaskammer getötet.«

Dieser Bericht stammt von Hermann Langbein. Er trug ihn im Januar 1979 im Fernsehen während einer Diskussion vor[130]. Zwischen 3000 und 4000 Zigeuner erstickten in jener Augustnacht in Auschwitz-Birkenau im Gas[131]. Hätten die Nazis sie ermorden können, wenn zu jener Zeit Auschwitz bereits bombardiert worden wäre?

Am 20. Juli 1944 werden auf Befehl von SS-Hauptsturmführer Alois Brunner im Großraum Paris alle Kinder in jüdischen Kinderheimen Opfer einer Razzia. Der Deportationszug mit diesen Kindern – es sind mehrere hundert – verläßt das Durchgangslager Drancy am 31. Juli 1944. Nach ihrer Ankunft in Auschwitz Anfang August werden sie sofort vergast. Wäre dieser Transport noch abgegangen, wenn zu jener Zeit Auschwitz bereits bombardiert worden wäre?

Diese Fragen müssen heute gestellt werden dürfen. Am Beispiel von Anne Frank, den ermordeten Zigeunern und den ermordeten französischen Kindern wird deutlich, welches

---

130 Im Kreuzfeuer: Der Fernsehfilm Holocaust – Eine Nation ist betroffen, herausgegeben von Peter Märthesheimer/Ivo Frenzel, Fischer Taschenbuch Verlag, März 1979, S. 263.
131 Sybille Buhrfeind: Die Zigeuner im Dritten Reich. Hausarbeit der Ersten Staatsprüfung für das Lehramt an Gymnasien, Ruhruniversität Bochum, 1979, S. 67.

Unheil möglicherweise verhindert worden wäre, hätten die Alliierten den Befehl zum Angriff auf Auschwitz gegeben.

Nachdem Hermann Langbein das Leiden und Sterben der Zigeuner geschildert hatte, fand nur ein Teilnehmer der Diskussionsrunde angemessene Worte: der WDR-Redakteur Peter Märthesheimer[132]: »Ich möchte gern wissen, was uns fähig macht, hier so ruhig dieser Erzählung zuzuhören und dabei so zu tun, als hätten wir einen klaren Kopf. Ich möchte wissen, wie wir zu einer solchen Leistung fähig werden, wo man eigentlich heulen müßte. Wie können wir den Leuten vorwerfen, daß sie damals nicht geweint haben, als ihre Nachbarn verschleppt worden sind, wenn wir hier selbst so kühl und gelassen sitzen?«

Ich konnte das nie. Und weil das so ist, habe ich versucht herauszubekommen, warum Auschwitz nicht bombardiert worden ist. Versuche, mit John McCloy zu sprechen, sind gescheitert. Prof. David Wyman hat mit McCloy eine kurze Korrespondenz geführt. Danach hat McCloy den Briefwechsel von sich aus eingestellt. Damit kann der entscheidende Mann im amerikanischen Kriegsministerium nicht mehr befragt werden. Dabei wäre es gerade für ihn wichtig, möglicherweise zusätzliche Erklärungen für seine Entscheidungen vom Jahre 1944 zu liefern. Da McCloy schweigt, ist jeder, der sich mit diesem Thema beschäftigt, auf Akten angewiesen. Diese sprechen allerdings eine sehr deutliche Sprache.

Daß mit dieser Untersuchung vermutlich nicht das letzte Wort zu der Frage »Why not?« geschrieben worden ist, war mir klar, als ich an die Arbeit ging. Ich kann deshalb auch nicht ausschließen, daß neue Erkenntnisse hinzukommen. Ich wollte einen Anfang machen, eine Diskussion anregen. Sollte dies gelingen, wäre einiges erreicht. Den Opfern von Auschwitz kann dadurch nicht mehr geholfen werden. Doch eine Mahnung für die Zukunft könnte daraus allemal abgeleitet werden.

David Wyman, der wohl beste Kenner dieses Teils der Zeitgeschichte, sagte am Ende der WDR-Dokumentation vom

132 Im Kreuzfeuer: Der Fernsehfilm Holocaust, a. a. O., S. 263.

9. November 1979 zur Frage von Verantwortung und Schuld dafür, daß den Opfern des Holocaust nicht geholfen worden ist[133]:

»Man muß zunächst sagen, daß das Kriegsministerium einen Großteil der Schuld tragen muß, weil es unwillens war, irgendwelche Rolle in Rettungsaktionen zu spielen. Und das trotz des Befehls des Präsidenten, es solle kooperierend mitarbeiten. Also diejenigen, die damals unsere Politik bestimmten, sind verantwortlich. John McCloy trägt insofern eine Verantwortung, als er der höchste Zivilbeamte im Kriegsministerium war. Er hat offenbar nicht verstanden, worum es zu der Zeit ging. Er hätte wenigstens eine ehrliche, ausführliche Untersuchung der Frage einleiten müssen. Das hat er nicht getan. In unserem System soll der Zivilist als Wächter über dem Militär stehen. Er hat diese Funktion nicht voll ausgeübt.

Man könnte auch sagen, daß der Flüchtlingsausschuß mehr hätte tun sollen. Aber das war schwierig, eben weil das Kriegsministerium nicht mitspielte. Darüber hinaus kann man sagen: Die amerikanische Gesellschaft als solche, Roosevelt als Präsident, der Kongreß – es herrschte eine weitgehende Gleichgültigkeit, nicht nur in Hinsicht auf die Bombardierung von Auschwitz, sondern überhaupt hinsichtlich der Lage der Juden. Keiner war bereit, sich aus der Ruhe bringen zu lassen, um diesen Menschen zu helfen. Die Presse hat ihre Rolle nicht gespielt. Wenn man zum Beispiel ›Time Magazin‹ in dieser Zeit liest, dann steht darüber kein Wort, obwohl es bekannt war. Die Kirchen haben versagt. Man kann sagen: die ganze Gesellschaft.«

Zur Frage, ob die Juden in der freien Welt mehr Druck auf die Regierungen in London und Washington hätten ausüben sollen, hat im April 1980 Henry Feingold von der City University in New York Stellung genommen. Feingold meinte[134], das amerikanische Judentum habe während des Krieges »keine Möglichkeit« gehabt, »Roosevelt mit dem Verlust der jüdischen Wählerstimmen zu drohen«, um militärische oder

133 WDR-HF-Archiv.
134 Kölnische Rundschau, 16. 4. 1980.

andere Maßnahmen zur Rettung der europäischen Juden zu erzwingen. »Die jüdische Gemeinschaft hatte damals keinen inneren Zusammenhalt. Sie war zerstritten über heute belanglose Fragen. Die amerikanischen Juden waren nicht gleichgültig oder gefühllos. Sie waren politisch machtlos, das ließ sie verzweifeln.«

Daß dies so war, ist historisch belegt. Ob und wie vielen Menschen der Tod in den Gaskammern von Auschwitz hätte erspart werden können, – niemand kann das heute zuverlässig sagen. Doch daß nicht ein einziger Versuch in dieser Richtung unternommen wurde, ist eine historische Tatsache. Ebenso steht fest, daß die Chancen für die Rettung groß gewesen sind.

Was – um es am Schluß noch einmal zu wiederholen – die deutsche Schuld und Verantwortung am größten Verbrechen der Geschichte nicht im mindesten verkleinert.

Anhang

Zeugenaussagen von zwei Flüchtlingen aus dem
Vernichtungslager Auschwitz-Birkenau

Dieses Memorandum enthält Informationen, die von R&A Personal im Feld
befördert wurden. Auf Grund seines aktuellen Interesses wird es vorzugsweise
für Analysen und Prozesse verteilt.

Stempel: GEHEIM
C.I.D. XL 8883

CID – XL (handschriftl. Vermerk)

OFFICE OF STRATEGIC SERVICES
Abt. Recherchen und Analysen
FELDMEMORANDUM 257 (FR-425)   10. Mai 1945

Bari, 20. April 1945

Zeugenaussagen von zwei Flüchtlingen aus den Auschwitz-Birkenau-Vernichtungslagern in Oswiecim, Polen

Der beiliegende Text ist die Übersetzung eines Dokumentes, das als Mikrofilm von Dr. G. Soos, Sekretär der ungarischen Untergrundbewegung MFM, nach Italien gebracht wurde. Der Film ist eine Reproduktion des Originaldokumentes, das, von Dr. Soos mit weiteren Papieren versteckt, bei Treuhändern des ungarischen Widerstandes deponiert wurde und in seinem Besitz in Rom verbleibt. Das ungarische Original wurde ihm von Dr. Jozsef Elias ausgehändigt, einem protestantischen Pastor jüdischer Abstammung, der als Kopf der Bewegung »Jo' Pasztor Bizottsag« gilt und ein Organisator des jüdischen Widerstandes in Ungarn ist.
Zwei junge slowakische Juden flüchteten am 7. April 1944 aus dem Konzentrationslager Birkenau-Auschwitz in Oswiecim, Polen, und erreichten Ungarn – wie Dr. Soos glaubt – Ende Juni oder Anfang Juli. Sie wurden hierzu von Dr. Elias befragt, und dieses Dokument ist das Ergebnis des Verhörs. Die Identität der beiden Männer wurde von Dr. Soos nicht preisgegeben, um ihre persönliche Sicherheit nicht zu gefährden. Er erfuhr jedoch, daß der jüdische Untergrund Vorkehrungen getroffen hat, sie in ein neutrales Land, vermutlich die Schweiz, auszusiedeln, um sie vor ultimativen Zeugenaussagen zu bewahren. Dr. Soos glaubt, daß einer der beiden Flüchtlinge aus Sered n/V., Slowakei, stammt, während der andere aus Nagyszombat, Slowakei, kommt.
Der erste Flüchtling wurde am 13. April 1942 von dem Sammellager Sered n/V. nach Auschwitz und von dort am gleichen Tag in das angrenzende Lager Birkenau deportiert. Der zweite wurde am 14. Juni 1942 aus dem Lager in Novaky in das Majdanek-Konzentrationslager in Lublin verschleppt, am 27. Juni 1942 in das Lager Auschwitz und schließlich, im September oder Oktober 1942, nach Birkenau, wo er auf den mit ihm geflüchteten Kameraden traf.
Der Originalbericht, der hier ohne Änderungen übersetzt wurde, ist in drei Teile gegliedert: Der erste beschreibt die Erfahrungen des ersten

Flüchtlings in der Zeit seiner Deportation von Sered bis Januar 1943, die er größtenteils in Birkenau verbracht hat. Teil II beschreibt hauptsächlich die Erfahrungen des ersten Flüchtlings, aber enthält auch Aussagen und Daten des zweiten Flüchtlings, der zwar am 30. Juni in Auschwitz ankam, seinen Kameraden jedoch vor September oder Oktober 1942 nicht kennenlernte. Dieser Teil deckt den Zeitabschnitt von Anfang 1942 bis zu ihrer Flucht im April 1944. Der dritte Teil beschreibt die Erfahrungen des zweiten Flüchtlings vom 14. Juni 1942 an, als er Novaky verließ, bis zu seiner Verlegung von Auschwitz nach Birkenau im September oder Oktober 1942.

In jedem Teil wird die Geschichte in grober, chronologischer Anordnung erzählt. Auf Grund des unübersichtlichen Textes wurden von den Herausgebern jeweils Titel hinzugefügt, um das Lesen zu erleichtern.

Zeugenaussagen von zwei Flüchtlingen aus den Auschwitz-Birkenau-Vernichtungslagern in Oswiecim, Polen

Teil I Zeugenaussage des ersten Flüchtlings
1. Ankunft von 640 slowakischen Juden im Lager Auschwitz (Oswiecim, Polen) Mitte April 1942
2. Beschreibung des Lagers Auschwitz
3. Ankunft im Lager Birkenau Mitte April 1942
4. Beschreibung des Lagers Birkenau
5. Ankunft von 12 000 russischen Kriegsgefangenen und zunächst 1300 französischen Juden im April 1942
6. Erfahrungen in Birkenau, April – Mai 1942
7. Erfahrungen in Birkenau, Mai 1942 – Januar 1943

Teil II Zeugenaussagen beider Flüchtlinge
8. Transportankünfte in Auschwitz-Birkenau, Anfang 1942 – Dezember 1942
9. Beschreibung der Vernichtungsmannschaften
10. Transportankünfte in Auschwitz-Birkenau, Januar – Februar 1943
11. Beschreibung des neuen Krematoriums und der Gaskammern in Birkenau, Februar 1943
12. Transportankünfte in Auschwitz-Birkenau, März – September 1943
13. Behandlung der Tschechen aus Theresienstadt, September 1943 – März 1944
14. Transportankünfte September 1943 – April 1944
15. Organisation und Bevölkerung des Lagers Birkenau, April 1944

Teil III Zeugenaussage des zweiten Flüchtlings
16. Internierung im Lager Majdanek-Lublin, Juni 1942
17. Internierung in Auschwitz, 30. Juni 1942 – September oder
Oktober 1942

Teil IV Schätzung der Anzahl ermordeter Juden in Birkenau, April
1942 – 1944

I. Zeugenaussage des ersten Flüchtlings

1. Ankunft im Lager Auschwitz (Oswiecim, Polen)

Am 13. April 1942 wurden im Aufnahmelager in Sered einige
Tausende von uns in geschlossene Güterwagen verfrachtet. Die Türen
unserer Wagen wurden versiegelt, so daß wir nicht die eingeschlagene
Route verfolgen konnten. Als die Türen nach einer langen Reise
geöffnet wurden, waren wir erstaunt, daß wir die Slowakei verlassen
hatten und uns an der Bahnstation von Zward in Polen befanden. Die
Wachen, vormals Mitglieder der »Slovak Hlinka Guard«, waren durch
Personal der deutschen Waffen-SS ersetzt worden. Nachdem wir
einige Wagen hinter uns gelassen hatten, fuhren wir weiter nach
Auschwitz, wo wir nachts ankamen und auf ein Nebengleis verschoben
wurden. Die zurückgebliebenen Wagen sind wahrscheinlich wegen
Quartierschwierigkeiten festgehalten worden; sie folgten uns einige
Tage später. Als wir ankamen, wurden wir in Fünferreihen aufgestellt
und abgezählt. Die Zahl der Neuankömmlinge betrug 640. Wir
erreichten das Lager Auschwitz mit unserem schweren Gepäck – wir
hatten die Slowakei gut ausgerüstet verlassen – nach einem 20-
minütigen Marsch.
In Auschwitz wurden wir sofort in eine große Baracke gebracht. Wir
mußten unser Gepäck in einem Teil des Hauses deponieren und in
dem anderen mußten wir uns nackt ausziehen und unsere Kleidung
und Wertgegenstände abliefern. Dann gingen wir nackt in eine
Nachbar-Baracke, wo unsere Köpfe und Körper rasiert und mit Lysol
desinfiziert wurden. Als wir die Baracke verließen, bekam jeder eine
Nummer. Die Nummern begannen bei 28 000[1]. Wir hielten unsere
Nummern in den Händen und wurden in eine dritte Baracke
getrieben, wo die eigentliche Aufnahme stattfand. Die bestand darin,

---

1 Man beachte die Bemerkung, daß Frauen mit einem anderen Nummern-
system gekennzeichnet wurden, auf Seite 140. Die Summe der Transportankünfte 1942 Seite 143. Einige Gefangene wurden bei ihrer Ankunft
ohne vorhergehende Numerierung eliminiert.

daß man uns auf äußerst brutale Weise die Nummern auf der linken Brust tätowierte. Viele von uns wurden während dieses Vorgangs ohnmächtig. Auch unsere Personalien wurden festgehalten. Von hier aus wurden wir in Gruppen zu jeweils Hundert in einen Keller geschickt, dann in eine Baracke, wo wir Häftlingskleidung und hölzerne Schuhe erhielten. Die ganze Prozedur dauerte bis ca. 10 Uhr vormittags. Am gleichen Nachmittag nahm man uns die Häftlings-Uniformen wieder ab, und wir erhielten statt dessen getragene russische Uniformen, die fast aus Lumpen bestanden. So ausgestattet wurden wir nach Birkenau übergeführt.

2. Beschreibung des Lagers Auschwitz

Auschwitz ist tatsächlich ein Aufnahmelager für politische Gefangene, für »Schutzhäftlinge«[2]. Im April 1942, zur Zeit meiner Aufnahme, gab es dort ca. 15 000 Gefangene, größtenteils Polen, Reichsdeutsche[3] und Schutzrussen[4]. Einige der Insassen waren Kriminelle oder Landstreicher.

Das Arbeitslager Birkenau sowie die landwirtschaftliche Siedlung in Harmansee sind der Leitung des Lagers Auschwitz untergeordnet. Alle Gefangenen kommen zuerst nach Auschwitz, wo sie mit entsprechenden Nummern versehen werden; entweder behält man sie dort oder sie werden nach Birkenau geschickt; nur wenige kommen nach Harmansee. Den Gefangenen werden die Nummern in der Reihenfolge ihrer Aufnahme zugeteilt. Sie werden nur einmal vergeben, so daß die letzte Nummer die Summe aller Aufnahmen von dem jeweiligen Tag anzeigt. Zur Zeit unserer Flucht von Birkenau, Anfang April 1944, betrug die letzte Nummer ca. 180 000. Die Nummern wurden zuerst auf der linken Brust tätowiert und später, als sie unleserlich wurden, auf dem linken Arm über dem Handgelenk.

Alle Gefangenen werden ohne Rücksicht auf ihre Nationalität gleich behandelt. Zur leichteren Kontrolle werden sie mit verschiedenfarbigen Dreiecken auf der linken Seite ihrer Oberbekleidung unter der Häftlingsnummer gekennzeichnet. Initialen in den Dreiecken (z. B. P für Pole, usw.) zeigen die Nationalität der Häftlinge an. Die Farben der Dreiecke geben Aufschluß über die verschiedenen Kategorien:

rot   – politische Schutzhäftlinge
grün   – unverbesserliche Kriminelle
schwarz – Arbeitsunwillige (meistens Russen)
rosa   – Homosexuelle
lila   – Mitglieder biblischer Sekten

---

2 Schutzhäftlinge.
3 Reichsdeutsche. } Fußnoten in deutsch
4 Schutzrussen.

Die Markierungen der jüdischen Häftlinge unterscheiden sich von den o. a. beschriebenen Kennzeichnungen nur dadurch, daß das Dreieck, das in den meisten Fällen rot ist, durch Beifügung eines kleinen gelben Dreiecks in einen Davidstern verwandelt wird.

Es gibt mehrere Fabriken und Arbeitslager in der Nähe des Lagers Auschwitz, u. a. ein deutsches Ausrüstungswerk[5], einen Krupp- und Siemens-Betrieb und einen im Bau begriffenen, mehrere Kilometer langen Komplex, genannt »Buna«, außerhalb des Lagerbezirkes. In diesen Betrieben arbeiten Häftlinge.

Der Wohnbereich des Lagers – das ist das eigentliche Konzentrationslager – umfaßt ein schätzungsweise 500 mal 500 m großes Gebiet. Diese Zone wird von zwei Reihen 3-m-hohen Betonpfeilern eingezäunt. Die Pfeiler sind untereinander mit Hochspannungsdrähten (von Isolatoren betrieben) verbunden. Zwischen diesen beiden Abzäunungen stehen im Abstand von ca. 150 Metern 5-m-hohe Wachtürme, die mit Maschinengewehren und Suchscheinwerfern ausgerüstet sind. Vor der inneren Reihe der Hochspannungsmasten ist ein Stacheldrahtzaun. Wenn man diesen gewöhnlichen Zaun berührt, wird von den Wachtürmen sofort mit Maschinengewehrfeuer geantwortet.

Das Lager selbst besteht aus drei Gebäudereihen. Die Lagerstraße verläuft zwischen der ersten und zweiten Gebäudereihe. Früher gab es zwischen dem zweiten und dritten Gebäudekomplex eine Mauer, und bis August 1942 waren hinter dieser Mauer jüdische Frauen, die im März und April 1942 aus der Slowakei deportiert worden waren, untergebracht. Es gab ca. 7000 solcher Frauen. Nachdem sie nach Birkenau übergeführt worden waren, hat man die Mauer abgerissen. Am Eingang des Lagers war in großen Buchstaben folgender Spruch zu lesen: »Arbeit macht frei«[6].

Innerhalb eines Radius' von ungefähr 2000 Metern ist das ganze Lager mit Wachtürmen im jeweiligen Abstand von 150 Metern umgeben. Im Gegensatz zu der oben beschriebenen Bewachungsanlage, genannt »Kleine Postenkette«, nennt sich dieses System »Große Postenkette«[7]. Die verschiedenen Fabriken und Werkstätten befinden sich zwischen diesen beiden Bewachungszonen.

Die Wachtürme des schmalen (inneren) Gürtels werden nur nachts besetzt, wenn die doppelte Einzäunung auch mit elektrischem Strom geladen ist. Die Posten des schmalen Gürtels werden morgens abgelöst und die Türme des großen Gürtels werden besetzt. Eine Flucht durch diese beiden bewachten Gürtel ist fast unmöglich. Nachts

---

5 Dt. Vermerk: Deutsche Ausrüstungswerke, or German Armament Works.
6 »Work liberates« (engl. Übers. v. »Arbeit macht frei«).
7 Bezogen auf die kleinen und großen Gürtel.

durch den inneren Gürtel zu gelangen, ist ausgeschlossen, da die Türme des äußeren Gürtels so dicht beieinanderstehen (nur 150 m, mit jedem Turm einen Radius von 75 Metern deckend), daß man den Gürtel, ohne entdeckt zu werden, nicht passieren kann. Es wird auf jeden ohne Vorwarnung geschossen. Die Ablösung der Wachen im großen Gürtel findet nachts erst dann statt, wenn der Dienstbericht (Rapport) im kleinen Gürtel überprüft worden und sicher ist, daß sich alle Häftlinge innerhalb des Geländes befinden. Wird während des Appells ein Häftling als vermißt gemeldet, schlagen die Sirenen Alarm.

Wenn ein Häftling vermißt wird, bleiben die Wachen in dem äußeren Gürtel in ihren Türmen, und die Wachen des inneren Gürtels beziehen ebenfalls ihre Posten. Hunderte von SS-Männern suchen mit Bluthunden das Gelände zwischen den beiden Gürteln ab. Die Sirenen alarmieren den ganzen Bezirk, so daß selbst bei einem unwahrscheinlichen Ausbruch durch beide Gürtel der flüchtende Häftling mit der Gefahr, in die Hände der zahlreichen deutschen Polizisten und SS-Patrouillen zu fallen, rechnen muß. Flüchtende Häftlinge sind stark behindert durch ihre geschorenen Köpfe und markierte Kleidung.

Die Bevölkerung der Umgebung ist so eingeschüchtert, daß sie sich den flüchtenden Häftlingen gegenüber bestenfalls passiv verhält. All jenen, die den Flüchtenden irgendwelche Hilfe leisten, droht die sofortige Todesstrafe, selbst jenen, die versäumen, sofort Meldung über den Aufenthalt solcher Personen zu erstatten.

Wenn ein Häftling nicht nach drei Tagen gefaßt wird, verlassen die Wachen des äußeren Gürtels ihre Posten, da dann anzunehmen ist, daß der Häftling die beiden Ringe erfolgreich durchbrochen hat. Wenn der entsprungene Häftling lebend gefaßt wird, wird er vor der versammelten Lagermannschaft gehängt. Wird er tot aufgefunden, so wird sein Körper am Eingang des Lagers aufgestellt, in seinen Händen ein Schild mit der Beschriftung »Hier bin ich«[8].

Während unserer zweijährigen Inhaftierung versuchten viele zu flüchten, aber mit Ausnahme von zweien oder dreien wurden alle tot oder lebendig zurückgebracht. Wir wissen nicht, ob jene, die man nicht zurückgebracht hat, bei ihrer Flucht Erfolg hatten, aber wir wissen, daß wir die einzigen von der Slowakei nach Auschwitz oder Birkenau deportierten Juden sind, die flüchteten.

3. Ankunft des ersten Flüchtlings in Birkenau

Wie bereits zuvor erwähnt, wurden wir noch am ersten Tag unserer Ankunft in Auschwitz (Mitte April 1942) nach Birkenau geschickt. In

8 Fußnote m. engl. Übersetzung »Here I am«.

Wirklichkeit gibt es keine Gemeinde namens Birkenau; das ist ein neuer Name, möglicherweise abgeleitet vom nahe gelegenen Birkenwald. Bei der örtlichen Bevölkerung wird das als Birkenau bekannte Gelände »Rajska« genannt. Das Zentrum des Lagers Birkenau ist 4 km von Auschwitz entfernt. Die äußeren Bewachungsanlagen der beiden Lager sind nur durch einen Schienenstrang getrennt. Zu dieser Zeit wußten wir nichts über Neuberaun, eine Stadt in 30–40 km Entfernung von Birkenau, die aus unerfindlichen Gründen als unsere Postadresse angegeben wurde.

4. Beschreibung des Lagers Birkenau

Als wir in Birkenau ankamen, waren eine große Küche mit einer Kapazität für 15 000 Leute und zwei andere Gebäude gerade fertiggestellt. Ein anderes Gebäude war noch im Bau. Alle Gebäude umschlossen normale Drahtzäune. Die zuletzt genannten Gebäude wurden für die Aufnahme der Häftlinge gebraucht und waren nach einem einheitlichen Plan gebaut. Jedes war 30 m lang und 8 bis 10 m breit. Die Mauern waren selten höher als 2 m. Das Dach erreichte die unproportionale Höhe von 5 m. Solch ein Bau ähnelt einem Stall, auf dem oben ein Heuboden thront. Wenn keine Decke vorhanden ist, beträgt die Innenhöhe ca. 7 m. Eine Innenmauer mit einer Tür in der Mitte teilt jedes Haus der Länge nach in zwei Teile. Die Außenmauer und die unterteilende Mauer haben Vorsprünge, die längsseits in einer Höhe von 80 cm übereinander verlaufen. Diese Vorsprünge sind in schmale Kojen für jeweils drei Personen unterteilt. An jeder Seite gibt es diese Liegeplätze. Die vorgegebenen Ausmaße (sic.) zeigen, daß die Zelle nicht lang genug ist, um es einer Person zu erlauben, ausgestreckt zu liegen, und gerade hoch genug ist, um aufrecht zu sitzen. Da die Zellenhöhe nur 80 cm beträgt, ist es unmöglich, aufrecht in ihr zu stehen. Ungefähr 400–500 Personen sind in jedem Haus, oder wie die es nennen – Block – untergebracht.
Das Lager Birkenau hatte zu dieser Zeit eine Ausdehnung von 850 mal 1600 Metern. Wie in Auschwitz wurde es von einem schmalen inneren Gürtel umgeben. Jenseits dieses inneren Sicherheitsgürtels war ein neues, viel größeres Lager im Bau. Nach Vollendung sollte es in das schon bestehende Lager eingegliedert werden. Den Zweck dieser großräumigen Vorbereitung kennen wir nicht. Wie in Auschwitz wird das Lager Birkenau in einer Entfernung von 2 km durch eine Kette von Außenposten überwacht. Das Bewachungssystem ist dem von Auschwitz vergleichbar.

5. Ankunft von 12 000 russischen Kriegsgefangenen und zunächst 1300 französischen Juden im April 1942

Die Gebäude, die wir bei unserer Ankunft in Birkenau vorfanden, waren von 12 000 russischen Kriegsgefangenen errichtet worden, die im Dezember 1941 dorthin gebracht worden waren. Sie arbeiteten unter so unmenschlichen Bedingungen bei außerordentlich kaltem Wetter, daß fast alle gestorben waren, als wir eintrafen. Unabhängig vom Numerierungssystem für andere Insassen waren ihnen die Nummern 1–12 000 gegeben worden. Wenn zusätzliche russische Kriegsgefangene ankamen, erhielten sie nicht fortlaufende Nummern wie andere Häftlinge. Ihnen wurden vielmehr Nummern zwischen 1 und 12 000 zugewiesen, die durch inzwischen gestorbene russische Kriegsgefangene freigeworden waren. Es war deshalb unmöglich, unter diesen Voraussetzungen die Zahl der in das Lager transportierten russischen Kriegsgefangenen zuverlässig zu schätzen. Russische Kriegsgefangene wurden nur zur Strafe nach Auschwitz und Birkenau geschickt. Wir fanden die überlebenden Russen in einem schrecklichen Zustand der Erniedrigung und Vernachlässigung vor. Sie waren in halbfertigen Quartieren untergebracht und dem Wetter ausgesetzt. Zahlreiche starben. Ihre Körper waren oberflächlich begraben unter Hunderten und Tausenden anderer. Später mußten wir diese Leichen ausgraben und beerdigen (in Klammern im Original: burn, verbrennen).
Der erste Transport mit französischen Männern erreichte Auschwitz ebenfalls vor uns. Er umfaßte 1300 naturalisierte französische Juden. Die Numerierung dieser französischen Juden begann bei 27 300. Wie ich schon feststellte, begann unsere Numerierung[9] mit 28 000. Infolgedessen erreichte kein Männertransport Auschwitz zwischen unserem und dem der Franzosen.
Frauen wurden besonders behandelt und parallel zu den Männern zahlenmäßig erfaßt; die slowakischen Mädchen, die vor uns ankamen, erhielten die Nummern 1000–8000. Wir fanden die Überlebenden des Transports französischer Juden nach Birkenau – mehr als 700 – in einem Zustand totaler Erschöpfung vor. Die Übriggebliebenen starben innerhalb einer Woche.

6. Erfahrungen in Birkenau im April–Mai 1942

Die nachfolgend Benannten waren in drei geschlossenen Blöcken untergebracht:

9 Siehe S. 143 Transportliste von Anfang 1942 bis Dezember 1942.

a) z. B. die sog. Prominenten, vor allem Berufsverbrecher und ältere polnische politische Gefangene, denen die Leitung des Lagers (oder: Führung des Blocks) anvertraut war.

b) Überlebende französische Juden (etwa 700).

c) Slowakische Juden – zunächst 634[10] – zu denen die hinzugezählt werden müssen, die in Zward geblieben sind.

d) Überlebende Russen, die in halbfertigen Häusern lebten oder überhaupt keine Bleibe mehr hatten und deren Zahl sich so rasch verminderte, daß sie keine nennenswerte Gruppe mehr bildeten.

Wir Juden aus der Slowakei mußten mit den Russen, die überlebt hatten, zusammenarbeiten. Die Juden aus Frankreich arbeiteten woanders. Nach drei Tagen wurde ich mit 200 Juden aus der Slowakei in die Auschwitzer »*Deutschen Ausrüstungswerke*« geschickt. Wir wurden in Birkenau einquartiert und gingen morgens früh zur Arbeit. Zweimal täglich erhielten wir Essen, 1 Liter Möhrensuppe am Morgen und 300 gr minderwertigen Brotes am Abend. Die Arbeitsbedingungen waren unvorstellbar hart, so daß die meisten sie nicht aushalten konnten. Geschwächt wie wir waren durch Hunger und ungenießbares Essen, stieg die Todesrate in furchterregende Höhen; in unserer Arbeitsgruppe von 200 Mann starben pro Tag 30 bis 35. Viele wurden von den Aufsehern und den sog. »Capos« einfach zu Tode geprügelt. Dieser tägliche Ausfall durch Tod wurde durch Nachschub aus den in Birkenau verbliebenen Gruppen ersetzt.

Der abendliche Heimweg war für uns schwierig und gefährlich. Wir hatten über eine Entfernung von 5 km unsere Werkzeuge, Feuerholz, schwere Gefäße und die Leichen der Kameraden, die gestorben oder während des Tages zu Tode geprügelt worden waren, zu schleppen. Mit dieser schweren Last mußten wir in militärischer Formation marschieren. Der *Capo* bestrafte all das, was er als unmilitärisches Marschieren ansah, entweder mit brutalen Schlägen oder sogar mit Totschlag. Als der zweite Transport ankam – 14 Tage später – lebten nur noch 150 von uns. Wir wurden jede Nacht gezählt. Die Leichen wurden auf schmale Karren geladen und jede Nacht zu einem nahe gelegenen Birkenwald gebracht, wo sie in einen mehrere Meter tiefen und 15 m langen Graben geworfen wurden.

Jeden Morgen trafen wir auf unserem Weg zur Arbeit 300 jüdische Mädchen aus der Slowakei, die in einer Arbeitsgruppe, bekannt als *Kommando* (i. Orig. in dt.), zusammengefaßt waren und Grab- oder Ausgrabungsarbeiten verrichten mußten. Die Mädchen trugen Fetzen russischer Uniformen und Holzschuhe. Ihre Köpfe waren geschoren. Unglücklicherweise konnten wir nie mit ihnen sprechen.

---

10 Es ist fraglich, ob die Zahl 634 zutrifft. Siehe dazu Beschreibung des Transportes des Autors Seite 135.

7. Erfahrungen in Birkenau – Mai 1942 – Januar 1943

Mitte Mai trafen insgesamt vier jüdische Männertransporte aus der Slowakei in Birkenau ein. Alle erfuhren dieselbe Behandlung wie wir. Auf Anordnung der Lagerleitung von Auschwitz, die Bedarf an Medizinern, Dentisten, Universitätsstudenten, erfahrenen Büro- und Verwaltungsangestellten hatte, wurden 120 Personen von unserem 1. und 2. Transport nach Auschwitz geschickt. Nach einem einwöchigen Aufenthalt dort waren von den 120 Professionellen 18 Ärzte und Krankenschwestern sowie drei Verwaltungsangestellte ausgesucht worden. Die Ärzte wurden dem Krankenhaus in Auschwitz zugewiesen, die drei Angestellten – ich war dabei – wurden zurück nach Birkenau geschickt. Zwei meiner Kameraden, Laszlo Braun aus Nagyszombut und Grosz aus Verbo, – beide sind inzwischen gestorben – kamen in den slowakischen Block. Ich kam in den französischen, wo wir für Verwaltungsarbeiten eingesetzt wurden. Die verbliebenen 99 Personen wurden zur Arbeit in die Auschwitzer Steinbrüche geschickt, wo sie in kurzer Zeit starben.

Einige Zeit später wurde ein »Krankenbau« genanntes Hospital in einem der Gebäude eingerichtet. Dieses war der berüchtigte Block Nr. 7. Zuerst wurde ich dort als 1. Krankenhelfer eingesetzt und später wurde ich der Manager. Der Leiter des Hospitals war Victor Mordaki, Nr. 3550, ein polnischer Politiker. Dieses Hospital war nichts anderes als eine Sammelstelle für jene, die auf den Tod warteten. Alle Häftlinge, die nicht mehr fähig waren zu arbeiten, wurden hierhin geschickt. Es gab dort natürlich keine ärztliche oder pflegerische Betreuung. Jeden Tag starben ca. 150 Menschen und ihre Körper wurden in das Auschwitzer Krematorium gebracht.

Zur selben Zeit begann die sogenannte »Selektion«. Die Anzahl der Häftlinge, die vergast oder deren Körper verbrannt werden sollten, wurden zweimal wöchentlich – montags und donnerstags – vom (*Standortarzt*) (i. Orig. in dt.) bestimmt. Die Selektierten wurden auf einen Lastwagen verfrachtet und in den Birkenwald gebracht. Jene, die lebend dort ankamen, wurden in der großen Baracke vergast. Sie war für diesen Zweck gebaut worden und stand in der Nähe der Grube, wo die Leichen anschließend verbrannt wurden. Durchschnittlich starben jede Woche 2000 aus Block Nr. 7, davon ca. 1200 eines natürlichen Todes und ca. 800 durch Selektion. Die Todesmeldungen derjenigen, die eines natürlichen Todes starben, wurden aussortiert und an das Lager HQ in Oranienburg weitergeleitet. Die Selektionen wurden in einem Buch mit Aufschrift SB[11] vermerkt. Ich war bis Januar 1943 Vorsteher des Blockes Nr. 7. Während dieser Zeit konnte ich beobachten, was geschah. Ca. 50 000 Häftlinge wurden in dieser

---

11 *Sonderbehandlung* (i. Orig. in dt.) oder »spezielle Behandlung«.

Zeit entweder durch natürlichen Tod oder durch Selektion vernichtet.

II. Zeugenaussagen der beiden Flüchtlinge

8. Transportankünfte in Auschwitz-Birkenau Anfang 1942 bis Dezember 1942

Mit Hinblick auf die Tatsache, daß den Häftlingen fortlaufende Nummern zugeteilt wurden – wie wir bereits vorher sagten –, sind wir in der Lage, mit ziemlicher Genauigkeit Daten der Ankünfte und Schicksale der verschiedenen Transporte angeben zu können. Nachfolgend die Liste der Ankünfte:

Nummern	*Transporte*
ca. 27 300–28 600	1. Transport naturalisierter, franz. Juden.
ca. 28 600–29 600	1. Judentransport aus der Slowakei, unser eigener. (Ankunft Mitte April 1942)
ca. 29 600–29 700	100 nichtjüdische Männer aus verschiedenen Durchgangslagern.
ca. 29 700–32 700	Drei rein slowakische Judentransporte, 3000 Männer.
ca. 32 700–33 100	400 Gewohnheitsverbrecher (nichtjüdisch) aus Warschau.
ca. 33 100–35 000	Schätzungsweise 2000 Juden aus Krakau.
ca. 35 000–36 000	Nichtjüdische Polen, politische Schutzhäftlinge.
ca. 36 000–37 300	1 300 slowakische Juden von Lublin-Majdanek im Mai 1942.
ca. 37 300–37 900	600 nichtjüdische Polen mit einigen Juden aus Radom.
ca. 37 900–38 000	100 nichtjüdische Polen aus dem Aufnahmelager Dachau.

ca. 38 000–38 400	400 naturalisierte franz. Juden mit ihren Familien. Der gesamte Transport umfaßt ca. 1600 Menschen. Hiervon wurden nur ca. 400 Männer und 200 Frauen dem Lager zugeteilt. Die verbliebenen tausend Frauen und ältere (im Original unleserlich) inbegriffen, wurden direkt nach Birkenau geschickt, wo sie vergast und verbrannt wurden ohne Feststellung der Personalien auf Grund der zugeteilten Nummern.

Danach wurden alle eintreffenden jüdischen Transporte wie der französische Transport behandelt. Ca. 10 Prozent Männer und 5 Prozent Frauen wurden dem Lager zugeteilt, der Rest wurde sofort eliminiert. Mit polnischen Juden verfuhr man schon früher auf diese Weise. Kontinuierlich kamen seit Monaten Transporte aus verschiedenen polnischen Ghettos an, die direkt nach Birkenau gingen, wo diese Juden zu Tausenden vergast und verbrannt wurden.

ca. 38 400–39 200	800 naturalisierte französische Juden, viele von ihnen wurden auf o. a. Weise vernichtet.
ca. 39 200–40 000	800 nichtjüdische Polen, politische Schutzhäftlinge.
ca. 40 000–40 150	150 slowakische Juden mit ihren Familien. Der größte Teil des Transportes mit Ausnahme von 50 Frauen, die zum Frauenlager geschickt wurden, wurde in Birkenau vergast. Unter den 150 Männern waren Zucker und Vilmos Sonnenschein, beide aus Ostslowakien.
ca. 40 150–43 800	Fast 4000 naturalisierte französische Juden, meistenteils Intellektuelle. Ca. 1000 Frauen dieses Transportes kamen ins Lager und 3000 Personen wurden in Birkenau vergast.
ca. 43 800–44 200	400 slowakische Juden aus dem Lager Lublin, unter ihnen Matyas Klein und Meilech Laufer, beide aus Ostslowakien[12]. Dieser Transport kam am 30. Juni 1942 an.

12 Dieser ist offenbar der Transport des zweiten Flüchtlings, siehe Seite 166

ca. 44 200–45 000	Dieser Transport umfaßte 1000 Personen. Einige Frauen wurden ins Frauenlager und alle anderen nach Birkenau geschickt. Unter den Männern, die ins Lager kamen, waren Jozsef Zelmanovies aus Snina; Adolf Kahan von Bratislava; Walter Reichmann aus Sucany und Eszter Kahan aus Bratislava. Ich hatte die Gelegenheit, mit der letztgenannten am 1. April 1944 zu sprechen. Sie ist Aufseherin im Frauenlager.
ca. 45 000–47 000	2000 nichtjüdische Franzosen, eingeschlossen Kommunisten und andere polit. Häftlinge. Unter ihnen die Brüder Thorez und Leon Blum. Der letztere ist besonders mißhandelt, dann vergast und verbrannt worden.
ca. 47 000–47 500	500 holländische Juden, unter ihnen viele deutsche Emigranten. Ca. 250 Personen dieses Transportes kamen nach Birkenau.
ca. 47 500–47 800	Ca. 300 russische Zivilisten (*Schutzrussen*).
ca. 48 300 (sic)–48 620	320 slowakische Juden. Davon kamen ca. 70 Frauen ins Lager und der Rest von 250 Personen ging nach Birkenau. Dieser Transport enthielt 80 Personen, die von der ungarischen Polizei nach Sered n/V deportiert worden waren. In dieser Gruppe waren: Dr. Zoltan Mandel aus Presov, der später starb; Holz (Vorname unbekannt), ein Metzger aus Pistany, der später nach Warschau geschickt wurde; Miklos Engel aus Zilina; Chaim Katz aus Snina, dessen Frau und sechs Kinder vergast worden sind und der zur Zeit im Leichenhaus arbeitet.
ca. 49 000–64 800	15 000 naturalisierte Juden aus Frankreich, Belgien und den Niederlanden. Diese Zahl macht nur 10 Prozent aller Transporte aus, die zwischen dem

1. Juni und 15. September 1942 ankamen, wovon die meisten große Familientransporte waren. Viele von ihnen wurden direkt nach Birkenau geschickt. Das *Sonderkommando*[13], das für die Vergasungen und Verbrennungen eingesetzt war, arbeitete in Tag- und Nachtschichten. Zu dieser Zeit wurden Juden zu Tausenden vergast und verbrannt.

64 800–65 000	Ca. 200 slowakische Juden. Einige hundert Frauen kamen in das Frauenlager, die anderen nach Birkenau. Unter denen, die ins Lager kamen, waren: Lajos Katz aus Zilina; Avri Burger (seine Frau starb) aus Bratislava-Poprad; Miklos Steiner aus Bystrica n/V; Gyorgy Fried aus Trencin; Buchwald (?); Jozsef Rosenwasser aus der Ostslowakei; Gyula Neumann aus Bardejov; Sandor und Mihaly Wertheimer aus Verbo; und Bela Blau aus Zilina.
ca. 65 000–68 000	Naturalisierte französische, belgische und niederländische Juden. Ca. 1000 Frauen wurden ins Lager geschickt und mindestens 2000 Personen wurden vergast.
ca. 68 000–70 500	2 500 deutsche Juden aus dem Aufnahmelager Sachsenhausen.
ca. 71 000–80 000	Naturalisierte französische, belgische und holländische Juden. Nicht mehr als 10 Prozent der Ankommenden wurden ins Lager geschickt. Die Zahl der Vernichteten wird vorsichtig auf 65 000–70 000 geschätzt.

13 Arbeitsgruppen mit speziellen Aufträgen.

9. Beschreibung der Mordkommandos

Am 17. Dezember 1942 wurden 200 junge slowakische Juden in Birkenau hingerichtet. Sie waren als *Sonderkommandos* für Vergasungen und Verbrennungen eingesetzt worden. Ihr Plan zu revoltieren und zu flüchten, wurde verraten, worauf sie exekutiert wurden. Unter ihnen waren:

Sandor Weisz
Oszkar Steiner
Aladar Spitzer
Ferenc Wagner
Dezso Wetzler
Bela Weisz

Alle Männer kamen von Nagyzombat. 200 polnische Juden, die gerade aus Makow angekommen waren, mußten das exekutierte *Sonderkommando* ersetzen.

Nach der Ermordung des slowakischen jüdischen *Sonderkommandos* verloren wir den direkten Kontakt zu diesem »Arbeitsbereich« und das brachte eine Verschlechterung unserer Versorgungssituation mit sich. Die Transporte, die in Birkenau ankamen, brachten – obwohl sie ihr Gepäck in Auschwitz lassen mußten – große Mengen fremder Währungen, meistens Dollarnoten oder Gold, enorme Mengen Preziosen und selbst Lebensmittel mit. Obwohl die Wertgegenstände ausgehändigt werden mußten, war es unvermeidbar, daß große Mengen, besonders Golddollars, in die Taschen der Männer gelangten, die in den Vernichtungsmannschaften arbeiteten und die Kleidung derjenigen, die vergast werden sollten, durchsuchen mußten.

Auf diesem Wege gelangte eine beträchtliche Summe an Werten und Lebensmitteln ins Lager. Offiziell konnte man natürlich für Geld nichts im Lager kaufen. Aber man konnte mit den SS-Leuten und den Zivilisten, die im Lager in verschiedenen Fachberufen arbeiteten, handeln und somit Lebensmittel und Zigaretten einschmuggeln. Die Preise waren natürlich anormal: Ein paar hundert Zigaretten kosteten 20 Dollars in Gold. Auch der Tauschhandel florierte. Die hohen Preise störten uns nicht, da wir genug Geld hatten. Wir erhielten von den *Sonderkommandos* gute Bekleidung, die den Vergasten gehört hatte, und konnten diese gegen unsere Lumpen austauschen. Der Mantel, den ich momentan trage, gehörte z. B. einem holländischen Juden[14].

Die *Sonderkommandos* waren isoliert. Wir gesellten uns nicht zu ihnen wegen ihres schrecklichen Geruchs, den sie ausströmten. Sie

---

14 Vermutlich hat der Fragende an diesem Punkt des Verhöres den Mantel besichtigt, da im Originaltext vermerkt ist, daß der Mantel das Firmenschild eines Amsterdamer Schneiders enthielt.

waren immer schmutzig, in Lumpen gekleidet, total demoralisiert, und wurden zu gewalttätigen Rohlingen. Es geschah nicht selten, daß einer den anderen zu Tode schlug. Solche Vorkommnisse waren bei den anderen Häftlingen auch nichts Außergewöhnliches, da der Mord an einem Lagerinsassen nicht als kriminelle Tat geahndet wurde. Es stand fest, daß die Zahl der Häftlinge sich sowieso verringerte; die Todesursache ist unwesentlich. Ich war dabei, als ein junger polnischer Jude namens Jossel einem SS-Mann die feine Art eines »fachmännischen Mordes« erklärte und – um dieses zu demonstrieren – einen anderen Juden mit seinen nackten Händen – ohne Benutzung irgendeiner Waffe – tötete.

10. Transportankünfte in Auschwitz-Birkenau, Januar–Februar 1943

Bei der Nummer 80 000 begann die systematische Vernichtung für diejenigen, die aus den polnischen Ghettos kamen.

Nummern	Transporte
ca. 80 000–85 000	Ca. 5 000 Juden aus verschiedenen poln. Ghettos, darunter Mljawa, Makow, Zichenow, Lomzsa, Grodno, Bialystok. Kontinuierlich trafen 30 Tage lang Transporte ein. Nur 5 000 Personen kamen ins Lager, der Rest wurde sofort vergast. Die Sonderkommandos arbeiteten fieberhaft in zwei Schichten pro 24 Stunden, aber sie konnten der befohlenen Arbeit, dem Vergasen und Verbrennen, kaum nachkommen. Ohne Übertreibung schätzt man, daß zwischen 80 000 und 90 000 Menschen vernichtet wurden. Bei diesen Transporten fand man besonders hohe Summen (polnischen?) Geldes, ausländischer Währung und Schmuck.
ca. 85 000–92 000	6 000 Juden aus Grodno, Bialystok und Krakau und 1 000 nichtjüdische Polen. Die meisten von ihnen gingen direkt nach Birkenau. Schätzungsweise 4 000 Juden wurden täglich in die Gaskammern getrieben.

Mitte Januar 1943 trafen drei Transporte mit jeweils 2 000 Personen aus Teresin (Theresienstadt) (Tschechoslowakei) ein. Diese Transporte waren mit »CU«, »CR« und »R« gekennzeichnet, was uns unverständlich war. Alle Pakete, die zu diesem Transport gehörten, waren ähnlich markiert. Von diesen 6 000 Menschen wurden nur 600 Männer und 300 Frauen ins Lager geschickt, der Rest wurde vergast.

ca. 99 000 (sic)–100 000	Große holländische und französische Transporte trafen Ende Januar 1943 ein. Nur ein Teil von ihnen kam ins Lager, der Rest wurde vergast.
ca. 100 000–102 000	Im Februar 1943 trafen 2 000 nichtjüdische Polen, größtenteils Intellektuelle, ein.
ca. 102 000–103 000	700 nichtjüdische Tschechen, deren Überlebende später nach Buchenwald geschickt wurden.
ca. 103 000–108 000	3 000 französische und holländische Juden und 2 000 nichtjüdische Polen.

Durchschnittlich trafen während des Monats Februar täglich zwei Transporte mit Polen, Franzosen und Holländern ein. In den meisten Fällen wurden ganze Transporte vergast. Allein die Anzahl der Vergasten in diesem Monat kann auf ca. 90 000 geschätzt werden.

11. Das neue Birkenau-Krematorium und die Gaskammern

Ende Februar 1943 wurden das neuerbaute Krematorium und die Gaskammern in Birkenau eröffnet[15].
Das Vergasen und Verbrennen im Birkenwald hörte auf, und die Leichen wurden zu den für diesen Zweck erbauten vier neuen Krematorien gebracht. Die Asche wurde überwiegend als Düngemittel auf dem Landgut Harmansee verwendet, so daß es schwer ist, Spuren der Massenmorde zu entdecken. Zur Zeit sind in Birkenau vier

15 Informationen aus Gefangenenverhören bestätigen, daß zu diesem Zeitpunkt das Krematorium und die Gaskammern von Birkenau in Betrieb genommen wurden.

Krematorien in Betrieb, zwei größere (Modelle I und II) und zwei kleinere (Modelle III und IV). Modell I und II bestehen aus einer Wartehalle, Gaskammern und Verbrennungsöfen. In der großen Wartehalle, die wie ein Baderaum ausgestattet ist, können 2 000 Menschen untergebracht werden. Es wird berichtet, daß noch eine zweite Halle derselben Größe unter dieser existiert. Von der großen Halle (im Erdgeschoß) führen einige Stufen in eine sehr lange und enge Gaskammer. In den Wänden der Gaskammer sind Attrappen von Duschen eingebaut, die den Eindruck eines großen Waschraumes erwecken sollen. Drei Oberlichter in der Decke der Kammer können mit Hilfe von Klappen hermetisch verschlossen werden. Ein knapp bemessener Gang führte von den Gaskammern durch die Wartehalle zu den Verbrennungsöfen.

In der Mitte der Halle befindet sich ein hoher Schornstein (Kamin), dem neun Verbrennungsöfen mit jeweils vier Türen angeschlossen sind. Jede Öffnung kann gleichzeitig drei Durchschnittskörper aufnehmen. In jedem Ofen werden in 1 1/2 Stunden 12 Körper verbrannt. Das ergibt eine Kapazität von schätzungsweise 2 000 Körpern in 24 Stunden.

Die Opfer werden zuerst in die Wartehalle geführt, wo ihnen gesagt wird, sie gingen in die Baderäume. Sie ziehen sich aus, und um ihnen die Illusion vom Baden zu erhalten, wird jedem 1 Stück Seife und ein Handtuch von weißgekleideten Wärtern überreicht. Danach werden sie in die Gaskammern gedrängt. Die Kammer kann mit 2 000 Menschen gefüllt werden, vorausgesetzt, daß alle aufrecht stehen. Die Wärter feuern oft in die Kammer, um Platz für noch mehr Menschen zu erzwingen. Wenn alle in der Kammer sind, werden die Türen von außen verriegelt. Nach kurzer Wartezeit, in der vermutlich die Temperaturen innen bis zu einem bestimmten Grad ansteigen, gehen SS-Männer mit Gasmasken aufs Dach, öffnen die Oberlichter und schütten eine puderartige Substanz in die Kammer. Die Behälter mit diesem Inhalt tragen die Aufschrift: »*Cyklon zur Schädlingsbekämpfung*«[16] (i. Orig. in dt.) und das Firmenschild einer Hamburger Fabrik. In diesen Behältern befindet sich – wie nachgewiesen – ein Zyanid-Präparat, das sich bei einer bestimmten Temperatur in Gas verwandelt. Jeder in der Kammer stirbt innerhalb von drei Minuten. Bis heute hat es keinen Fall gegeben, daß irgend jemand noch Leben zeigte beim Öffnen der Kammer, ein Phänomen, das im Birkenwald, wo die Verfahren primitiver waren, nicht selten vorkam. Die Kammer wird nach dem Öffnen gelüftet, und die *Sonderkommandos* (i. Orig. in dt.) bringen die Leichen auf flachen Karren zu den Verbrennungsöfen. Die Krematorien, als Modelle III und IV bezeichnet, arbeiten in

16 Cyklon zur Vernichtung von Kriminellen (dies scheint ein Übersetzungs-fehler zu sein, richtig wäre: Schädlingen, d. Üb.).

derselben Weise, aber deren Kapazität ist halb so groß. Die Gesamt-
kapazität der vier Krematorien beträgt deshalb 6 000 Körper pro
Tag.

Im Prinzip werden nur Juden vergast. Nichtjuden werden gewöhnlich
erschossen und nur in Ausnahmefällen vergast. Vor Errichtung der
Krematorien wurden Nichtjuden im Birkenwald umgebracht und ihre
Körper dort verbrannt. Später jedoch wurden solche Hinrichtungen
durch Genickschuß in der Halle des Krematoriums ausgeführt, die für
diese Zwecke speziell geeignet war.

Die Eröffnung des ersten Krematoriums fand im März 1943 statt und
wurde mit der Vergasung und Verbrennung von 8 000 Juden aus
Krakau gefeiert. Prominente Gäste aus Berlin, hochrangige Offiziere
und zivile Persönlichkeiten eingeschlossen, waren anwesend und
drückten ihre höchste Zufriedenheit für die Gaskammer-Vorstellung
aus. Sie benutzten eifrig die Spione in den Türen der Kammern.

12. Transportankünfte März–September 1943

Nummern	Transporte
ca. 109 000(sic)–119 000	Anfang März 1943 trafen 45 000 Juden aus Saloniki ein. 10 000 Männer und eine wesentlich geringere Anzahl von Frauen kamen ins Lager, der Rest – 30 000 Menschen – wurde in die Krematorien geschickt. Von den 10 000 Männern im Lager starb fast jeder, vielleicht sogar alle kurze Zeit später. Die meisten von ihnen wurden Opfer einer Epidemie ähnlich der Malaria, viele starben an Typhus. Andere waren nicht fähig, den harten Bedingungen im Lager standzuhalten.

Mit Hinblick auf die hohe Sterblichkeit unter den Griechen –
verursacht durch Malaria und Typhus – kam das Selektionsverfahren
zeitweilig zum Stillstand. Kranke griechische Juden wurden aufgefordert, sich zu melden. Wir warnten sie davor, aber sie meldeten sich
trotzdem. Sie wurden mit intravenösen Injektionen von Phenol
getötet. Diese Injektionen wurden von einem medizinisch ungeschul-
ten Offizier verabreicht, dem zwei tschechische Ärzte assistierten,
Cespira Honza und Zdenedk Stich, beide aus Prag. Diese Ärzte
arbeiten zur Zeit im Aufnahmelager Birkenau. Beide taten alles, um
den Unglücklichen zu helfen, und wenn sie nichts mehr für sie tun
konnten, halfen sie zumindest, die Schmerzen zu lindern.

Schätzungsweise 1 000 Überlebende der 10 000 griechischen Juden wurden mit weiteren 500 Juden nach Warschau geschickt, um Festungswerke zu bauen. Hunderte von ihnen kehrten mehrere Wochen später in hoffnungsloser Verfassung zurück und wurden sofort vergast. 400 Griechen, die an Malaria litten, wurden nach Lublin gebracht. Wir erhielten Nachricht über ihre Ankunft in Lublin, konnten aber über ihr weiteres Schicksal nichts erfahren. Es ist als sicher anzunehmen, daß nicht ein einziger der 10 000 noch im Lager ist.

In Anwendung des repressiven »Auswahlverfahrens« war der Mord an Häftlingen auch verboten. Die nachfolgend aufgeführten Reichsdeutschen wurden wegen mehrfachen Mordes ausgepeitscht:

Alexander Neumann, Gewohnheitsverbrecher

Zimmer, Gewohnheitsverbrecher

Albert Haemmerle, Gewohnheitsverbrecher

Rudolf Osteringer, Gewohnheitsverbrecher

Alfred Klein, politischer Häftling

Alois Stahler, politischer Häftling.

Diese berüchtigten Mörder mußten zusätzlich eine Erklärung unterzeichnen, in der sie die Ermordung einer bestimmten Anzahl von Mithäftlingen bestätigten.

Anfang 1943 erhielt die politische Abteilung in Auschwitz 50 000 Entlassungsformulare. Diese Neuigkeit verursachte große Freude unter uns, da wir hofften, daß einige von uns schließlich doch noch gerettet würden. Aber diese Formulare wurden mit den persönlichen Daten der Vergasten ausgefüllt und wanderten dann in die Archive.

Nummern	Transporte
ca. 119 000–120 000	1 000 nichtjüdische Polen aus dem Pawiak-Gefängnis in Warschau.
ca. 120 000–123 000	3 000 griechische Juden. Ein Teil von ihnen wurde nach Warschau geschickt, wo sie ihre toten Landsleute ersetzten. Die zurückgebliebenen starben sehr schnell.
ca. 123 000–124 000	1 000 nichtjüdische Polen aus Radom und Tarnow.
ca. 124 000–126 000	2 000 Männer aus verschiedenen nichtjüdischen Transporten.

Zwischenzeitlich kamen kontinuierlich polnische, belgische und französische Judentransporte an, deren Mitglieder mit Ausnahme eines winzigen Teils, der ins Lager kam, vergast wurden. Einer dieser Transporte bestand aus 1 000 polnischen Juden aus Lublin-Majdanek. Unter ihnen waren drei Slowaken, von denen einer Spira hieß und aus Stropko oder Varanno kam.

Ende Juli 1943 hörten die Transporte abrupt auf. Es war ein kurzer Aufschub, während die Krematorien gereinigt und für weitere Aktivitäten vorbereitet wurden. Die Arbeit begann wieder am 3. August. Zuerst kamen Judentransporte aus Benzburg und Sossnowitz, gefolgt von anderen, die ohne Unterbrechung während des ganzen Monats August eintrafen.

ca. 132 000 (sic)–136 000	Juden aus Benzburg und Sossnowitz. Nur 4 000 Männer und einige Frauen kamen ins Lager. Über 35 000 wurden direkt ins Krematorium geschickt. Die meisten von ihnen starben in dem sogenannten Quarantänelager durch außergewöhnlich inhumane Behandlung, Hunger, verschiedene Krankheiten und nicht die wenigsten von ihnen durch Mord in den eigenen Reihen. Die Hauptverantwortlichen für diese Verbrechen heißen Tlyn, ein Gewohnheitsverbrecher deutscher Nationalität, der aus dem Aufnahmelager Sachsenhausen hierher kam, und Mieczislaw Katerzinski, ein polnischer politischer Gefangener aus Warschau.

Zu dieser Zeit fingen die »Selektionen« wieder an, wovon besonders das Frauenlager betroffen war. Der Lagerarzt, ein SS-*Sturmführer* (i. Originaltext in dtsch.) und Sohn oder Neffe des Berliner Polizeidirektors, handelte mit einer Brutalität, die besonders in diesem Lager deutlich auffiel. Die Praxis der »Selektionen« wurde von diesem Zeitpunkt an bis zu unserer Flucht ohne Unterbrechung angewandt.

ca. 137 000 (sic)–138 000	1 000 nichtjüdische Polen aus dem Pawiak-Gefängnis in Warschau und ca. 80 griechische Juden trafen Ende August ein.
ca. 138 000–142 000	3 000 Nichtjuden aus verschiedenen Transporten.

ca. 142 000–145 000	3 000 Juden aus verschiedenen polnischen Arbeitslagern und eine Gruppe russischer Kriegsgefangener trafen Anfang September 1943 ein.
ca. 148 000 (sic)–152 000	Familientransporte aus Teresin (Theresienstadt), die in der Woche nach dem 7. September eintrafen.

13. Behandlung der Tschechen aus Theresienstadt, September 1943–März 1944

Aus uns unbekannten Gründen konnten sich die Transporte aus Theresienstadt einer besseren Behandlung erfreuen. Niemand wurde vergast oder noch nicht einmal geschoren. Die Mitglieder behielten ihr persönliches Eigentum und wurden als Familien in einer separaten Abteilung des Lagers untergebracht. Die Männer mußten nicht arbeiten, den Mitgliedern wurde die Korrespondenz mit Verwandten erlaubt, und es gab eine spezielle Schule für die Kinder unter der Leitung von Fredy Hirsch, vormals Jugendleiter des Makabi in Prag[17].

Die Mitglieder dieser Transporte mußten jedoch die sadistischen Torturen (Mißhandlungen, d. Üb.) des »Lagerinspektors« Arno Boehm ertragen, einem deutschen Kriminellen, der – nebenbei gesagt – eines der gemeinsten Individuen im gesamten Lager war. Unsere Überraschung wurde noch größer, als wir die Gelegenheit hatten, eine offizielle Dienstanweisung für diesen Transport zu lesen. Dieser Dienstbericht trug die eigenartige Überschrift: »Spezielle Behandlung tschechischer Juden in sechsmonatiger Quarantäne«[18]. Wir wußten genau, was die »SB«-Kennzeichnung bedeutete, aber wir konnten für die Ausnahmebehandlung und die außergewöhnlich lange Quarantäne keine Erklärung finden. Unseren derzeitigen Erfahrungen entsprechend dauerte die Quarantäne nie länger als drei Wochen. Am Ende der sechsmonatigen Quarantäne schöpften wir Verdacht, und wir waren überzeugt, daß diese Juden auch in der Gaskammer enden würden. Nachdem wir eine Gelegenheit zur Kontaktaufnahme mit den Leitern ihrer Gruppen gefunden hatten, klärten wir sie über ihre Situation und ihr Schicksal auf. Einige von ihnen, besonders Fredy Hirsch, der offensichtlich das volle Vertrauen seiner Kameraden genoß, erzählte uns, daß sie – sollte sich unser Verdacht bestätigen –

17 Der größte jüdische Sportclub in der Tschechoslowakei.
18 Dt. Fußnote »S(onder) B(ehandlung)« – Transport tschechischer Juden mit sechsmonatiger Quarantäne.

154

Widerstand leisten würden. Männer des *Sonderkommandos* verspra-
chen, daß sie sofort dabei wären, wenn die tschechischen Juden
aktiven Widerstand leisten würden. Viele hofften, daß ein allgemeiner
Aufstand im Lager initiiert werden könnte.

Am 6. März 1944 hörten wir, daß das Krematorium für die
tschechischen Juden vorbereitet wurde. Ich ging sofort zu Fredy
Hirsch, um ihn hiervon zu unterrichten, und appellierte an ihn, ohne
Verzögerung zu handeln. Er antwortete: »Ich kenne meine Pflicht.«
Vor Sonnenaufgang schlich ich noch einmal zu dem tschechischen
Lager und erfuhr, daß Fredy Hirsch im Sterben lag. Er hatte sich mit
Luminol vergiftet. Am nächsten Tag, 7. März 1944, wurde er im Koma
mit 3 791 seiner Kameraden, mit denen er nach dem 7. September
1943 in Birkenau eingetroffen war, mit Lastwagen zum Krematorium
gebracht, wo alle vergast wurden[19]. Die Jüngeren gingen singend in
den Tod. Der Widerstand war nicht gelungen. Bestimmte Männer des
Sonderkommandos hatten umsonst gewartet.

Ca. 500 ältere Tschechen starben während der sechsmonatigen
Quarantänezeit. Die einzigen dieser Gruppe, die überlebten, waren
elf Zwillingspaare, die für medizinische Experimente nach Auschwitz
gebracht worden waren. Als wir Birkenau verließen, lebten diese
Kinder noch. Ein Mädchen unter den Getöteten war Roszi Fürst aus
Sered n/V. Alle waren eine Woche vor ihrer Hinrichtung – das war in
den ersten Märztagen – gezwungen worden, ihre Verwandten von
ihrem Wohlbefinden zu unterrichten. Die Briefe waren vom 23. oder
25. März datiert. Sie mußten auch um Pakete von den im Ausland
lebenden Verwandten bitten.

14. Transportankünfte im September 1943–April 1944

ca. 153 000 (sic)–154 000	1 000 nichtjüdische Polen aus dem Warschauer Pawiak-Gefängnis.
ca. 155 000 (sic)–159 000	4 000 Männer aus verschiedenen Gefängnissen, Juden aus der Umgebung von Benzburg, die versteckt und dann entdeckt worden waren, und eine Gruppe russischer (Schutzrussen) (i. Original in dt.) kamen im Oktober 1943 an. Zur selben Zeit trafen auch russ. Kriegsgefangene ein, die die Nummern 1–12 000 erhielten.

19 Der von den Deutschen für die Exekution gewählte 7. März ist ein
 besonderer tschechoslowakischer Nationalfeiertag, der Geburtstag von
 Präsident Masaryk.

ca. 160 000 (sic)–165 000	Ca. 5 000 Männer, die meisten belgische und holl. Juden, und der erste Transport italienischer Juden traf aus Fiume, Triest und Rom ein. Nicht weniger als 3 000 Personen dieser Transporte landeten direkt in den Gaskammern.

Die Sterberate der Juden, die dem Lager zugeteilt worden waren, war besonders hoch. Die Methode des Ausleseverfahrens forderte ihren Tribut in zunehmendem Maße. Dieses Verfahren erreichte seinen Höhepunkt zwischen dem 10. und 24. Januar 1944, als ihm die härtesten und gesündesten Juden ohne Rücksicht auf ihren Arbeitseinsatz und ihre Berufe zum Opfer fielen. Nur Ärzte wurden ausgespart. Alle mußten sich für das Ausleseverfahren der Reihe nach aufstellen, und eine anschließende Kontrolle sollte bestätigen, daß alle anwesend waren. Die Auswahl wurde dann von dem Lagerarzt (dem Sohn oder Neffen des Berliner Polizeidirektors) und dem Leiter des Lagers Birkenau, SS-*Untersturmführer* Schwarzhuber (i. Orig. in dt.) vorgenommen. Alle Juden, die von Block Nr. 7 in das »Hospital« (Krankenbau) (in dt. im Original) übergeführt wurden, das sich in einem anderen Teil des Lagers befand, wurden ohne Ausnahme vergast. Ergänzend hierzu sei vermerkt, daß noch weitere 2 500 Männer und 6 000 Frauen durch dieses »Auswahlverfahren« in den Gaskammern umkamen.

ca. 165 000–168 000	3 000 Juden kamen am 20. Dezember 43 aus Theresienstadt. Die Dienstanweisung hatte dieselbe Überschrift wie die für den September-Transport[20].
	Sie wurden zusammen mit den September-Ankömmlingen untergebracht und genossen dieselben Privilegien. 24 Stunden vor der Vernichtung der ersten Gruppe wurden die später Eingetroffenen in einem angrenzenden leeren Komplex des Lagers gesondert untergebracht.
	Sie wohnen immer noch in diesem Quartier. Da sie das Schicksal der ersten Gruppe kennen, sind sie bereits auf Widerstand vorbereitet, der von Ruzenka Laufer und Hugo Langsfeld aus Prag

20 Siehe Fußnote 18.

	organisiert wird. Sie sammeln leicht entflammbares Material und wollen dann ihre Blocks anzünden. Ihre Quarantäne wird am 20. Juni beendet sein.
169 000 (sic)–170 000	1 000 Personen, inclusive Polen, Russen und Juden in kleineren Gruppen.
ca. 170 000–171 000	1 000 nichtjüdische Polen und Russen und eine kleine Anzahl von Jugoslawen.
ca. 171 000–174 000	3 000 holländische, belgische und gebürtige französische Juden trafen Ende Februar und Anfang März 1944 ein. Dieses war der erste Transport gebürtiger französischer Juden, die sich von den naturalisierten unterschieden. Sie kamen aus nichtbesetzten Gebieten. Die überwiegende Mehrheit von ihnen wurde sofort vergast.

Mitte März traf eine kleinere Gruppe von Benzburger Juden ein, die in ihren Verstecken entdeckt worden waren. Von ihnen erfuhren wir, daß viele polnische Juden in die Slowakei und von dort nach Ungarn geflüchtet seien und daß ihnen von Juden, die noch in der Slowakei leben, geholfen würde.

Nach der Vernichtung der Juden aus Theresienstadt gab es bis zum 15. April keine Transporte mehr. Infolgedessen hatte sich die Zahl der Lagerinsassen wesentlich verringert, sodaß alle Männer der späteren Transporte – größtenteils holländische Juden – im Lager aufgenommen wurden. Wir hatten – als wir das Lager am 7. April 44 verließen – gerade von der Ankunft eines großen griechischen Transportes erfahren[21].

---

21 Eine Reuter-Depesche aus Athen vom 20. März 1945 berichtet über die Rückkehr des griechischen Juden Leon Vatis aus dem Oswiecim Lager, dessen Geschichte und Häftlingsnummer mit der hier gegebenen Information übereinstimmen.

15. Organisation und Bevölkerung des Lagers Birkenau im April 1944

Das Lager Birkenau besteht aus drei Sektionen (siehe Zeichnung Nr. 3). Zur Zeit sind nur die Sektionen I und II von dem inneren Sicherheitsgürtel umgeben, während die Sektion III sich im Bau befindet und noch nicht bewohnt wird.

Als wir Birkenau Anfang 1944 verließen, setzte sich die Zahl der Lagerinsassen wie folgt zusammen:

Bereich	Slowakische Juden	andere Juden	Nichtjuden	Bemerkung
Sektion I Aufnahmelager I a u. I b für Frauen	c. 300	c. 7 000	c. 6 000	Ergänzend zu den 300 slowakischen Mädchen sind noch 100 Frauen im Stabsgebäude beschäftigt.
Sektion II a) Quarantänelager	2	c. 200	c. 800	Dr. Endre Müller aus Podolinec – einer der beiden slowakischen Juristen – ist Blockältester.
b) Lager	c. 3 500			Mit sechsmonatiger Quarantäne.
c) Z. Zt. nicht belegt				
d) Stabslager	c. 58	c. 4 000	c. 6 000	
e) Zigeunerlager			c. 4 500	Der Rest von 16 000 Zigeunern. Sie verrichten keine Arbeit und sterben schnell aus.
f) Krankenhaus	6	c. 1 000	c. 500	Die 6 slowakischen Juden arbeiten in der Krankenhausverwaltung*.

*) Nummer	Name	Geburtsort	beschäftigt als:
36 832	Walter Spitzer	Nemsova	Blockaufseher
29 867	Josef Neumann	Snina	»Capo« bei den Leichen
44 989	Josef Zelmanovics	Snina	Personal
32 407	Lajos Eisenstaedter	Korompa	Tätowierer
30 049	Lajos Solmann	Kezmarok	Angestellter
	Chaim Katz	Snina	Personal

Die Arbeit in der Internationalen Verwaltung des Lagers Birkenau wird von Häftlingen verrichtet. Die Unterbringung der Häftlinge erfolgt nicht unter Berücksichtigung ihrer Nationalität, sondern ist von ihrem dienstlichen Einsatz in den einzelnen Arbeitsbereichen, d. h. *Kommandos* (in dt.) abhängig. In jedem Block gibt es fünf Ämter:

1 Blockältester
1 Blockschreiber
1 Blockschwester   (i. Orig. dt. übersetzt)
2 Blockhelfer

Der *Blockälteste* trägt an seinem linken Arm eine weiße Binde mit der Nummer seines Blocks. Er ist verantwortlich für die Ordnung in seinem Block, wo er – wie man sagen kann – Richter über Leben und Tod ist. Bis Februar 1944 war fast die Hälfte aller Blockältesten Juden. In der Zeit kam eine Dienstanweisung aus Berlin mit dem Verbot, diese Stellen mit Juden zu besetzen, so daß jüdische Blockälteste aus ihren Diensten entlassen wurden. Es gibt jedoch noch drei slowakische Juden, die heute noch als Blockälteste fungieren. Es sind:

Name	Geburtsort	Ämter:
Ernest Rosim	Zilina	Ältester im Block Nr. 25 (Reinigungsmannschaft und Handwerker aus Benzburg)
Dr. Endre Mueller	Podolinec	Ältester, Block Nr. 15, Quarantäne-Lager
Walter Spitzer	Nemsova	Ältester, Block Nr. 14 Krankenlager

Der *Blockschreiber* ist der geschäftsführende Assistent des Blockältesten. Er erledigt alle Schreibarbeiten, führt den täglichen Dienstbericht und verwaltet eine große Anzahl Akten. Da der Dienstbericht mit peinlichster Genauigkeit geführt werden muß, trägt er große Verantwortung. Die Häftlinge werden nicht nach ihren Namen, sondern nach ihren Nummern registriert, wodurch leicht Irrtümer geschehen können. Solche Fehler können verhängnisvoll sein. Wenn der Blockschreiber irrtümlicherweise irgendeine Nummer mit dem Vermerk »gestorben« versieht, was leicht bei der hohen Sterberate geschehen kann – und tatsächlich vorgekommen ist –, kann solch ein Fehler später einfach durch die Exekution des Nummernträgers korrigiert werden. Wenn einmal solch ein Vermerk gemacht wurde, kann er nicht verbessert werden, denn dieses Verzeichnis muß mit dem aktuellen Dienstbericht übereinstimmen. Mit dem Posten des Blockschreibers wird seinem Träger viel Macht in einem Block verliehen. Unglücklicherweise wird sie oft mißbraucht.

Plan I
Plan of the Auschwitz camp

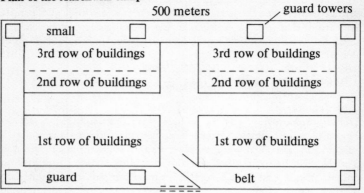

Plan II
Plan of the Birkenau crematoria, models I and II

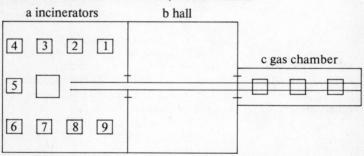

Plan III
Plan of the Birkenau camp (small guard belt)

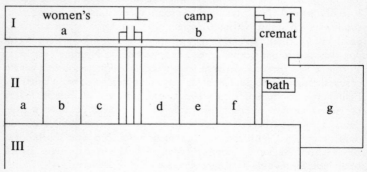

Die *Krankenschwester* und der *Handlanger* verrichten manuelle Arbeiten im ganzen Block. Von einer Krankenbehandlung kann natürlich keine Rede sein.

Der *Lagerälteste* (i. Orig. in dt.) steht dem ganzen Lager vor. Er ist ein Häftling. Der derzeitige Lagerälteste ist Franz Danisch, Nr. 11 182, ein politischer Gefangener aus Königshütte, Oberschlesien. Der Lagerälteste ist die absolute Autorität des gesamten Lagers. Er ist berechtigt, Blockälteste zu benennen und abzusetzen, er kann die Männer zu Arbeitskommandos einteilen usw. . . Danisch ist sogar zu Juden fair, er ist objektiv und nicht korrumpierbar.

Der *Lageraufseher*, der die meiste Macht im Lager besitzt, ist dem Lagerältesten zugeteilt. Er ist der einzige Mann, der einen direkten Kontakt zur Lagerleitung hat, Befehle entgegennimmt und Dienstberichte erstellt. Infolgedessen hat er auf die Lagerleitung gewissen Einfluß. Seine direkten Untergebenen sind Blockaufseher, die ihm Meldung erstatten müssen. Der derzeitige Lageraufseher heißt Casimir Gork, ein politischer Gefangener mit der Nr. 30 029, der früher Bankangestellter war. Obwohl Gork antisemitische Ansichten hat, belästigt er die Juden nicht.

Die Oberaufsicht der Blocks haben sechs bis acht SS-Blockführer. Sie rufen jeden Abend zum Appell und erstatten Meldung an den Kommandanten, Untersturmführer Schwarzhuber, ein Tiroler, der den Titel *Lagerführer* (i. Orig. in dt.) führt. Schwarzhuber ist Trinker und ein Sadist.

Der Lagerkommandant ist der Vorgesetzte der Lagerführer von Birkenau und Auschwitz sowie des Lagerführers des Aufnahmelagers von Auschwitz. Der Name des jetzigen Lagerkommandanten ist Hoess.

Der *Capo* ist der Führer des *Arbeitskommandos* (i. Orig. in dt.). Größere Kommandos haben mehrere Capos. Ein Capo kann während der Arbeitszeit über einen Gefangenen verfügen und oft prügelt er ihn zu Tode. Früher gab es viele jüdische Capos, was aber – wie bereits erwähnt – auf Grund einer Berliner Dienstanweisung verboten wurde (Febr. 44). Nur ein Jude, ein Mechaniker namens Roth aus Nagymihaly, führt diese Tätigkeit noch aus. Die Arbeitskontrolle ist deutschen Experten anvertraut.

III. Zeugenaussage des zweiten Flüchtlings

16. Internierung im Lager Majdanek-Lublin, Juni 1942

Wir verließen Novaky am 14. Juni 1942, fuhren durch Zilina und erreichten Zwardon um 5 Uhr nachmittags. Hier wurden wir ausgeladen und gezählt. Der Transport wurde von SS-Männern übernommen, die sich laut über die Tatsache, daß wir ohne Wasser gereist waren, mokierten. »Diese slowakischen Barbaren haben noch nicht mal Wasservorrichtungen«, sagten sie. Wir reisten weiter und erreichten Lublin nach zwei Tagen. Sobald der Zug stoppte, wurde folgender Befehl gegeben: »Die 15- bis 50jährigen, die arbeitsfähig sind, verlassen den Zug. Kinder und alte Leute bleiben in den Wagen.« Wir stiegen aus. Um die Station herum waren litauische SS-Männer mit Maschinengewehren postiert. Die Güterwagen mit den Kindern und den alten Leuten wurden verriegelt, und der Zug fuhr wieder ab. Wir wissen nicht, wohin der Zug fuhr oder was mit den Reisenden geschah.

Ein *SS-Scharführer* (i. Orig. m. aa) übernahm das Kommando an der Station und sagte uns, daß ein weiter Weg vor uns läge. Diejenigen, die ihr Gepäck mitnehmen wollten, konnten dies tun; diejenigen, die glaubten, es nicht tragen zu können, durften es auf einen Lastwagen laden, der für diesen Zweck bereitstand. Dieser Wagen würde unbeschädigt ankommen. Einige meiner Kameraden behielten ihr Gepäck, während andere es auf den Wagen verluden. Hinter der Stadt stießen wir auf eine Fabrik mit dem Schild »*Bekleidungswerke*«[22]. Im Fabrikhof standen ca. 1000 Personen in schmutziger, gestreifter Häftlingskleidung in langen Reihen und warteten offensichtlich auf Essen. Dieser Anblick war für uns nicht sehr ermutigend, zumal wir die Männer als Juden identifizierten. Als wir einen Hügel erreichten, lag plötzlich das riesige Lager Majdanek, umgeben von einem drei Meter hohen, stromgeladenen Zaun, vor uns.

Bald nachdem ich das Lager betreten hatte, entdeckte ich Macco Winkler aus Nagyszombat (Trnava). Er warnte mich, daß uns alles Gepäck und Kleidung abgenommen würden. Um uns herum standen slowakische Juden, die vor uns eingetroffen waren. Sie trugen lumpige Häftlingskleidung, hatten geschorene Köpfe, waren barfuß oder trugen Holzschuhe. Viele von ihnen hatten geschwollene Beine. Sie bettelten um Lebensmittel und andere Kleinigkeiten. Als wir hörten, daß uns alles abgenommen wurde, verteilten wir fast alles, was wir noch hatten. Dann wurden wir ins Warenlager geführt, wo wir unsere Habseligkeiten aushändigen mußten. Danach trieb man uns jeweils zu zweit in eine andere Baracke, wo wir uns ausziehen mußten. Unsere Haare wurden kurz geschoren, wir mußten duschen und schließlich erhielten wir Unterwäsche, Häftlingskleidung, ein Paar Holzschuhe und eine Kappe.

Ich wurde der sog. Arbeitsabteilung II zugeordnet. Das ganze Lager bestand aus drei solcher Abteilungen, die durch Drahtzäune voneinander getrennt waren. Die slowakischen und tschechischen Juden wurden in der Sektion II einquartiert. Zwei Tage lang trainierten wir

---

22 In engl. Kleiderfabrik.

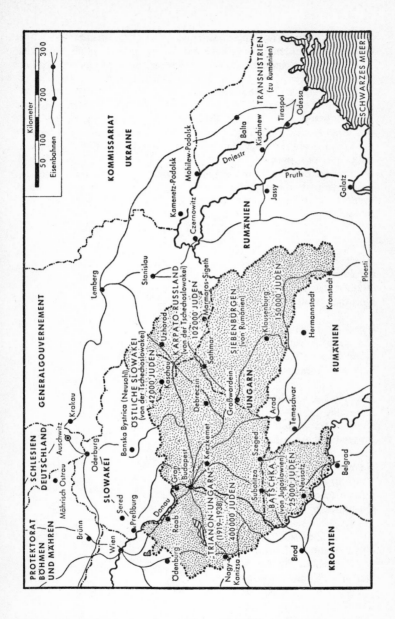

Die Bahnverbindungen zwischen Ungarn und Auschwitz.
Aus »Die Endlösung – Hitlers Versuch der Ausrottung der Juden Europas 1939–1945« von Gerald
Reitlinger, Colloquium Verlag Berlin 1956.

163

durch Lüften unserer Kappen, wie man Deutsche zu grüßen hatte, und wurden stundenlang in strömendem Regen gedrillt. Die Baracken waren seltsam eingerichtet. Die Einrichtung bestand aus drei Reihen übereinandergestellter langer Tische. Die Gefangenen mußten auf und unter diesen Tischen schlafen.

Morgens erhielten wir Suppe. Die war so dick, daß wir sie mit unseren Fingern essen mußten. Eine ähnliche Suppe wurde mittags serviert, und abends zum sog. »Tee« gab es 30 gr. ungenießbaren Brotes und zwei oder drei Gramm Marmelade oder künstliches Fett, beides von schlechtester Qualität.

In den ersten Tagen brachte man uns auf einmalige Weise die Lagerhymne bei, indem wir stundenlang strammstehen und sie üben mußten. Das Lied lautet folgendermaßen (im Original die engl. Fassung):

Aus ganz Europa kamen
wir Juden nach Lublin
Viel Arbeit gibt's zu leisten
Und dies ist der Beginn

Um diese Pflicht zu meistern
Vergiß die Vergangenheit
Denn in der Pflichterfüllung
liegt die Gemeinsamkeit.

Drum rüstig an die Arbeit
Ein jeder halte mit
Gemeinsam wollen wir schaffen
Im gleichen Arbeitsschritt.

Nicht alle wollen begreifen
Wozu in Reihen wir stehen.
Die müssen wir dann zwingen
Dies alles zu verstehen.

Die neue Zeit muß alle
Uns alle stets belehren
Daß wir schon nur der Arbeit
Der Arbeit angehören.

Drum rüstig an die Arbeit
Ein jeder halte mit
Gemeinsam wollen wir schaffen
Im gleichen Arbeitsschritt.

164

Die Unterbringung war wie folgt: Arbeitsabteilung I slowakische Juden; Arbeitsabteilung II slowakische und tschechische Juden; Arbeitsabteilung III Partisanen. Sektion IV und V wurden noch von den in I und II Untergebrachten gebaut. Die Partisanen aus Abteilung II waren in ihren Baracken eingeschlossen. Sie arbeiteten nicht und hatten keine Erlaubnis, ihre Quartiere zu verlassen. Das Essen wurde ihnen vor die Tür geworfen und von ihnen hereingeholt. Die Wachen schossen auf sie, wann immer sich eine Gelegenheit dazu bot.

Die Capos waren Reichsdeutsche und Tschechen. Die ersteren behandelten die Gefangenen brutal, während die Tschechen bei jeder Gelegenheit versuchten, ihnen zu helfen. Ein Zigeuner namens Galbavy aus Holics war Lagerältester und sein Vertreter war ein Jude aus Sered n/V. mit dem Namen Mittler. Nachweisbar hatte er seine Position auf Grund seiner Brutalität erworben, denn er benutzte seine Macht, um seine jüdischen Gefährten, die ohnehin schon unter unwürdiger Behandlung litten, zu quälen. Er ließ keine Gelegenheit aus, jemanden gemein zu behandeln.

Wir wurden jeden Abend beim Appell von SS-Männern traktiert. Nach täglich harter Arbeit mußten wir stundenlang strammstehen und die Hymne singen. Sie wurde von einem alten Juden, der auf dem Dach eines nahe gelegenen Hauses saß, angestimmt, während sich die SS-Leute mit ihren Stöcken und Peitschen an uns vergnügten. Rabbi Eckstein aus Sered n/V. starb unter tragischen Umständen. Er kam eines Tages, nachdem er krank auf der Toilette gesessen hatte, zu spät zum täglichen Appell. Der *Scharführer* (i. Orig. mit aa) packte ihn daraufhin an den Füßen und tauchte ihn zweimal in die Latrine, übergoß ihn mit kaltem Wasser und erschoß ihn schließlich.

Das Krematorium lag zwischen der ersten und zweiten Sektion. Dort wurden die Leichen verbrannt. Die Sterberate pro Abteilung mit 6–8000 lag bei täglich 30 Menschen, wobei sich diese Zahl nach kurzer Zeit um das Fünf- bis Sechsfache erhöhte. Später wurden täglich 10–12 Kranke ins Krematorium gebracht, von wo sie niemals zurückkehrten. Im Krematorium waren elektrische Heizöfen installiert, die von russischen Gefangenen bedient wurden.

Schlechte Ernährung und unerträgliche Zustände führten zu zahlreichen Krankheiten. Ernste Magenleiden waren am weitesten verbreitet. Eine nicht zu heilende Krankheit, die mit geschwollenen Füßen begann, forderte ihren Tribut. Die Beine der Leute waren so geschwollen, daß sie sie nicht mehr bewegen konnten. Immer mehr von ihnen wurden ins Krematorium gebracht, wo sie auf mir unbekannte Weise umkamen. Als sich die Zahl dieser Unglücklichen am 26. Juni 1942 auf 70 verringert hatte, beschloß ich, mich bei nächster Gelegenheit für eine Überweisung nach Auschwitz zu melden.

17. Internierung in Auschwitz, 30. Juni 1942 – Sept. oder Oktober 1942

Am 27. Juni 42 gab ich meine Häftlingskleidung ab, erhielt Zivilkleidung und reiste mit einem Transport nach Auschwitz. Wir verbrachten 48 Stunden ohne Wasser und Nahrung in verschlossenen Güterwagen und kamen halbtot in Auschwitz an, wo uns am Lagereingang ein Schild mit der Aufschrift »Arbeit macht frei«[23] begrüßte (i. Orig. in dt.). Das Gelände war sauber und ordentlich und die Ziegelsteinbauten und Anlagen machten nach den primitiven und dreckigen Baracken von Lublin-Majdanek einen positiven Eindruck auf uns. Wir glaubten, einen guten Tausch gemacht zu haben. Zuerst wurden wir in einen Keller geführt, wo wir Tee und Brot erhielten. Am nächsten Tag nahm man uns die Bekleidung ab. Wir wurden geschoren und auf dem linken Arm oberhalb des Handgelenkes tätowierte man unsere Nummern. Wir erhielten Häftlingskleidung, die der in Lublin ähnelte. Nach Feststellung unserer Personalien waren wir als reguläre politische Häftlinge im Lager Auschwitz aufgenommen.

Wir wurden im Block Nr. 17 untergebracht, wo wir auf dem Boden schliefen. In dem angrenzenden Bau – durch eine Mauer von uns getrennt – hatten slowakische Mädchen ihr Quartier. Sie waren im März und April 1942 aus der Slowakei deportiert worden. Wir wurden beim Bau des großen »Buna«-Werkes eingesetzt. Die Arbeit begann um drei Uhr morgens. Unsere Verpflegung bestand mittags aus Kartoffel- oder Karottensuppe und abends aus 30 gr. Brot. Während der Arbeit wurden wir brutal geschlagen. Da sich unser Arbeitsplatz außerhalb des äußeren Sicherheitsgürtels befand, war dieses Gebiet in 10 mal 10 m große Quadrate unterteilt. Jedes Quadrat wurde von einem SS-Mann bewacht. Jeder, der während der Arbeit die Grenzen seines Quadrates überschritt, wurde sofort wegen »Fluchtversuch« erschossen. Es geschah oft, daß ein SS-Mann einem Häftling befahl, etwas außerhalb seines Quadrates zu erledigen. Wenn der Häftling gehorchte und über die Linie schritt, wurde er erschossen. Die Arbeit war sehr hart. Uns wurden kaum Ruhepausen erlaubt, und wir mußten auf dem Heimweg in militärischer Formation marschieren. Wer nicht im Schritt marschierte oder aus der Reihe tanzte, wurde roh geschlagen und manchmal erschossen. Als ich zu dieser Arbeitsmannschaft gehörte, arbeiteten hier ca. 3000 Männer, von denen 2000 slowakische Juden waren. Wenige von uns konnten wegen der minderwertigen Verpflegung die harte Arbeit aushalten. Viele versuchten zu fliehen, obwohl sie nicht mit einem Erfolg rechnen konnten. Jede Woche wurden wir Zeugen von mehreren Erhängungen.

23 Siehe Fußnote 6.

Nach einigen Wochen schmerzvoller Arbeit brach im Lager eine Typhus-Epidemie aus. Die geschwächten Häftlinge starben zu Hunderten. Der Bau der »Buna«-Werke wurde gestoppt und das Lager geschlossen. Die an ihrem Arbeitsplatz überlebten, wurden Ende Juli 42 in die Steinbrüche geschickt. Hier war die Arbeit noch schwieriger, obwohl es nach den »Buna«-Werken keine Steigerung mehr gab. Da wir zu geschwächt waren, konnten wir nie die von den Aufsehern befohlene Arbeit leisten. Die meisten von uns hatten geschwollene Beine. Unserer Arbeitsgruppe wurden Faulheit und Gleichgültigkeit nachgesagt, woraufhin jeder einzelne von uns vor einer Kommission gründlich geprüft wurde. Die mit den geschwollenen Beinen und von der Kommission als untauglich befundenen wurden ausgesondert. Obwohl meine Beine schlimm schmerzten, meisterte ich meine Qualen und schritt forsch vor die Kommission. Ich wurde als tauglich befunden. Ca. 200 von den 300 Personen wurden für krank erklärt und sofort nach Birkenau gebracht, wo sie vergast wurden.

Danach wurde ich zur Arbeit in den DAW[24] eingeteilt. Mein Job bestand im Anstreichen von Ski-Brettern. Wir mußten ein Minimum von 110 Stück pro Tag schaffen. Jeder, der dieses Soll nicht erfüllte, wurde abends ausgepeitscht. Um diese abendliche Strafe zu vermeiden, mußten wir sehr hart arbeiten. Eine andere Gruppe fertigte Kisten für Granaten an. In einem Fall stellte man nach Fertigstellung von 15 000 solcher Kisten fest, daß sie ein paar Zentimeter kürzer waren als gefordert. Daraufhin wurden mehrere jüdische Häftlinge als Saboteure erschossen. Unter ihnen war ein Erdely (von dem erzählt wurde, daß er Verwandte in Trencin-Ban hätte).

Die jüdischen Mädchen aus der Slowakei, die hinter unserer Mauer lebten, waren im August 1942 nach Birkenau deportiert worden. Ich hatte Gelegenheit, kurz mit ihnen zu reden. Sie waren ausgehungert, in Reste russischer Uniformen gekleidet, waren barfuß oder trugen Holzschuhe. Ihre Haare waren kurzgeschoren und sie wirkten vollkommen vernachlässigt.

Am gleichen Tag mußten wir uns einer sehr strengen ärztlichen Kontrolle unterziehen (sic). Die Typhusverdächtigen kamen nach Birkenau, während wir anderen – als gesund empfunden – splitternackt in die evakuierten und desinfizierten Baracken geschickt wurden. Man rasierte uns wieder, wir mußten baden und bekamen neue Kleidung. Zufällig hörte ich, daß im *Aufräumungskommando* (i. Orig. in dt.) eine Stelle vakant sei, woraufhin ich mich freiwillig meldete und die Zuweisung erhielt.

In diesem Aufräumungskommando waren hundert Häftlinge beschäftigt, alles Juden. Wir arbeiteten in einem völlig isolierten Teil des Lagers, wo wir Berge von Gepäck, aus Rucksäcken, Koffern und

24 Siehe Fußnote 5.

ähnlichen Dingen bestehend, im Warenlager verstauen mußten. Unser Job bestand im Öffnen des Gepäcks und Aussortieren der gefundenen Sachen. Wir füllten Koffer mit Kämmen, Spiegeln, Konserven, Schokolade, Medikamenten usw. Die Koffer wurden nach ihrem Inhalt gesondert gelagert. Kleidung und Unterwäsche kamen in eine große Baracke, wo sie von slowakischen jüdischen Mädchen sortiert und verpackt wurden. Diese Güter wurden dann auf Waggons verladen und versandt. Schadhafte Kleidung wurde zu einer Textilfabrik in Memel gesandt, während gute Kleidung an eine Wohltätigkeitseinrichtung nach Berlin geschickt wurde. Wertvolles wie Geld, Gold, ausländische Währung und Schmuck gingen vermutlich an die politische Abteilung. SS-Aufseher stahlen einen großen Teil dieser Werte, und vieles wanderte auch in die Taschen der dort arbeitenden Häftlinge. Der Chef dieses Sortierkommandos, der als Experte im Feld anerkannt war, ist Albert Davidovios aus Iglo (Jihlava?). Er hat den Posten immer noch.

SS-Sturmführer Witzleff, der Leiter dieser Abteilung, war ein Rohling, der oft die Mädchen schlug. Diese Mädchen kamen tagtäglich von Birkenau zur Arbeit. Sie erzählten uns unglaubliche Geschichten über die dort herrschenden Zustände. Sie wurden geschlagen und mißhandelt. Die Sterberate war bei ihnen höher als bei den Männern. Zweimal wöchentlich wurden »Selektionen« vorgenommen, und täglich ersetzten neue Mädchen diejenigen, die selektiert worden oder auf andere Weise umgekommen waren.

In meiner ersten Nachtschicht konnte ich beobachten, wie man mit eingetroffenen Transporten in Auschwitz verfuhr. Ein Transport polnischer Juden kam an. Sie waren ohne Wasser gereist, und ca. hundert von ihnen waren bei ihrer Ankunft schon tot. Nachdem man die Türen der Waggons geöffnet hatte, trieb man die jammernden Juden, die durch die lange Reise und Entbehrungen völlig geschwächt waren, hinaus. Schläge von SS-Männern beschleunigten das Ausladen. Dann mußten sich die unglücklichen Menschen in Fünferreihen aufstellen. Unsere Aufgabe bestand im Entfernen der Leichen und Halbtoten und im Entladen der Güterwagen. Wir sammelten alle Körper an einem Ort. Die nicht mehr auf ihren Füßen stehen konnten, wurden als tot erklärt. Das Gepäck wurde auf einen Stapel geworfen. Die Wagen mußten gründlich gereinigt werden, um keine Spuren des Transportes zu hinterlassen. Dann wählte eine Kommission der politischen Abteilung zehn Prozent der Männer und fünf Prozent der Frauen aus, die dem Lager zugewiesen wurden. Der Rest wurde auf Lastwagen verfrachtet und nach Birkenau gebracht, wo sie vergast wurden. Die Leichen und die halbtoten Körper wurden auch auf LKWs verladen. Sie wurden ohne vorherige Vergasung im Birkenwald verbrannt. Es war üblich, kleine Kinder mit den Leichen zusammen auf den Lastwagen zu werfen. Das Gepäck wurde per LKW zu den Warenlagern gebracht, wo es auf oben beschriebene Weise sortiert wurde.

Während der Monate Juli bis September 1942 wütete in den Lagern Birkenau und Auschwitz – besonders unter den Frauen – der Typhus. Die Kranken erhielten keine Behandlung. Die ersten Typhusverdächtigen wurden mit Phenol-Injektionen »behandelt«, und später wurden zahlreiche von ihnen vergast. Innerhalb von zwei Monaten kamen 15 000–20 000 Häftlinge um, die meisten von ihnen waren Juden. Im Frauenlager war das Leid besonders groß. Es gab keine sanitären Anlagen, und die Mädchen waren total verlaust. Wöchentlich fanden große Selektionen statt. Ohne Rücksicht auf das Wetter mußten sich die Frauen für die Selektion nackt aufstellen und in tödlicher Angst warten, ob sie ausgewählt wurden oder noch für eine Woche begnadigt waren.

Viele Männer und Frauen begingen Selbstmord. Sie berührten einfach nur den Hochspannungsdraht des inneren Sicherheitsgürtels. Es kamen so viele Frauen um, daß nicht einmal 5 Prozent (sic) der ursprünglichen Anzahl überlebten. Zur Zeit gibt es noch 400 Frauen in Auschwitz und Birkenau; das ist der Rest von vormals 7000. Die meisten von ihnen haben sich Jobs in der Lagerverwaltung gesichert. Eine von ihnen mit dem Vornamen Kata (ihren Familiennamen kenne ich nicht) aus Bystrica n/V. hat eine hohe Position als Lageraufseherin. Ca. 100 slowakische Mädchen sind im Stabsgebäude von Auschwitz beschäftigt. Sie erledigen Schreibarbeiten für beide Lager und dolmetschen bei Gefangenenverhören. Einige Mädchen arbeiten in der Küche und Wäscherei des Stabsgebäudes. In letzter Zeit sind die slowakischen Mädchen besser gekleidet, da sie ihre Garderobe aus dem Lager der *Aufräumungskommandos* (i. Orig. in dt.) ergänzen konnten. Viele tragen sogar Seidenstrümpfe. Sie lassen jetzt ihre Haare wachsen, und es geht ihnen wesentlich besser als in den vergangenen Tagen. Das trifft natürlich nicht auf die mehreren tausend anderen weiblichen Häftlinge zu. Die slowakischen Mädchen sind die ältesten Insassen des Frauenlagers und genießen deshalb einige Privilegien.

Ich verlor bald meinen relativ bequemen Job (Oktober 1942) bei dem *Aufräumungskommando* (in dt.) und wurde zur Strafe nach Birkenau versetzt, wo ich eineinhalb Jahre verbrachte. Im April 1944 konnten mein Kamerad und ich erfolgreich flüchten.

IV. Schätzung der Anzahl ermordeter Juden in Birkenau

Eine vorsichtige Schätzung (der beiden Flüchtlinge) über die Anzahl der Juden, die von April 42–April 44 in Birkenau vernichtet wurden – bezogen auf ihre Nationalität:

Polen (Beförderung mit Lastwagen)	c. 300 000
Polen (Beförderung mit Zügen)	600 000
Holland	100 000
Griechenland	45 000
Frankreich	150 000
Belgien	50 000
Deutschland	60 000
Jugoslawien, Italien, Norwegen	50 000
Litauen	50 000
Böhmen, Mähren, Österreich	30 000
Tschechoslowakei	30 000
verschiedene Lager ausländischer Juden in Polen	300 000
Summe	c. 1 765 000

3 July 1944

MEMORANDUM FOR MR. McCLOY:

I know you told me to »kill« this but since those instructions, we have received the attached letter from Mr. Pehle.

I suggest that the attached reply be sent.

H.A.G.

Zeittafel

1941

24. Oktober:	»Jewish Chronicle« meldet, daß Juden in Lastkraftwagen vergast werden.
7. November:	»Jewish Chronicle« wiederholt Meldung über Vergasungen in Lastkraftwagen.
November:	Der britischen Regierung wird aus Bern gemeldet, 1,5 Millionen polnische Juden seien spurlos verschwunden.
11. Dezember:	Deutsche Kriegserklärung an die USA.
12. Dezember:	Das rumänische Schiff »Struma« mit jüdischen Flüchtlingen verläßt den Hafen Konstanza.
17. Dezember:	»Jewish Chronicle« meldet, daß in Kiew 52 000 Juden ermordet worden seien (Babi Yar).
27. Dezember:	Die britische Regierung fordert die türkische Regierung auf, das in den Dardanellen eingetroffene Flüchtlingsschiff »Struma« ins Schwarze Meer zurückzuschicken.

1942

Januar:	»Jewish Chronicle« meldet, daß im KZ Mauthausen Juden vergast werden.
20. Januar:	Die »Endlösung der Judenfrage« wird auf der »Wannsee-Konferenz« beschlossen.
9. Februar:	Die türkische Regierung teilt der britischen Regierung mit, das Flüchtlingsschiff »Struma« werde nach Konstanza zurückgeschickt.
25. Februar:	Das Flüchtlingsschiff »Struma« geht mit 779 Juden unter.
Ende Juni:	Die polnische Exilregierung in London gibt bekannt, seit dem 1. September 1939 seien mehr als 700 000 polnische Juden ermordet worden.
2. Juli:	Deutsche Truppen erobern Sewastopol.

7. Juli:	Deutsche Truppen überqueren den Don.
24. Juli:	Deutsche Truppen erreichen Stalingrad.
Sommer:	Der Oberkommandierende der Streitkräfte bei der polnischen Exilregierung in London, W. Sikorski, schlägt Premierminister Churchill vor, als Vergeltung für die nationalsozialistischen Massenmorde in Osteuropa nichtmilitärische Ziele in Deutschland anzugreifen.
9. August:	Deutsche Truppen besetzen die Ölfelder im Kaukasus.
3. Oktober:	Der polnische Vertreter beim Vatikan gibt Einzelheiten über die Vergasungen bekannt.
23. Oktober:	In Nordafrika beginnt die britische Gegenoffensive.
4. November:	Der amerikanische Geschäftsträger in Bukarest, Gunthei, meldet seiner Regierung, in Rumänien würden die Juden an Leib und Leben bedroht.

1943

14.–26. Januar:	Auf der Konferenz von Casablanca wird beschlossen, Europa auch von Süden her zu befreien.
2. Februar:	Die deutschen Truppen kapitulieren in Stalingrad.
Mai:	Die britische Regierung erfährt Einzelheiten über die Beschlüsse der »Wannsee-Konferenz«.
12. Mai:	Szmul Zygielbojm, Verbindungsmann im Ghetto von Warschau zum polnischen Nationalrat in London, nimmt sich aus Verzweiflung über das Ausbleiben alliierter Hilfe das Leben.
21. Mai:	Letzte Meldung aus dem Ghetto von Warschau.
16. Juni:	Roosevelt teilt Stalin mit, er schicke moderne Flugzeuge.
18. Juni:	»The Evening Standard« karikiert die Gleichgültigkeit der Öffentlichkeit gegenüber dem Schicksal der Juden.
10. Juli:	Alliierte Landung auf Sizilien.
25. Juli:	Mussolini tritt zurück.
Juli:	Die britische Regierung lockert die Einwanderungsbestimmungen für Palästina.
15. August:	Das britische Außenministerium bezweifelt den Beschluß zur »Endlösung der Judenfrage«.
3. September:	Britische Landung in Kalabrien.
9. September:	Amerikanische Landung bei Salerno.

10. September:	Rom wird befreit.
30. November:	Erster Großangriff auf Köln.
10. Dezember:	SS-Standartenführer Dr. Edmund Veesenmayer wird nach Budapest entsandt, um das Horthy-Regime zu »koordinieren«.

1944

Januar

22. Januar:	Präsident Roosevelt beruft den »War Refugee Board« (WRB).
Januar:	US-Bomberexperten beziehen Luftangriffe auf Rüstungsbetriebe bei Auschwitz in ihre Strategie ein.
Ende Januar:	Der WRB schlägt John McCloy, dem Verbindungsmann zum Kriegsministerium, vor, die Kommandeure auf allen Kriegsschauplätzen zur Hilfe für NS-Verfolgte zu veranlassen.

Februar:

| 18. Februar: | Nach einem britischen Präzisionsangriff auf ein Gefängnis in Amiens gelingt 150 französischen Widerstandskämpfern die Flucht. |

März

| 19. März: | Deutsche Truppen besetzen Ungarn. |
| 24. März: | Roosevelt warnt über den Rundfunk die Nationalsozialisten, ihre Massenverbrechen fortzusetzen. |

April

1. April:	Die Alliierten beherrschen den Luftraum über Europa.
4. April:	Von Auschwitz werden die ersten Luftaufnahmen gemacht.
7. April:	Rudolf Vrba und Alfred Wetzler gelingt die Flucht aus Auschwitz-Birkenau.

| Ende April: | Wetzler und Vrba erreichen die Slowakei. |
| | Das USA-Kriegsministerium fragt beim Oberkommandierenden der alliierten Luftstreitkräfte in Italien, General I. C. Eaker, an, ob es möglich sei, Industriebetriebe bei Auschwitz zu bombardieren. |

Mai

Anfang Mai:	Der Vrba-Wetzler-Bericht über die Vergasungen in Auschwitz erreicht Budapest.
8. Mai:	General I. C. Eaker schlägt vor, Rüstungsbetriebe bei Auschwitz zu bombardieren.
12. Mai:	Erster amerikanischer Großangriff auf deutsche Treibstoffwerke; Beginn des Ölkrieges.
16. Mai:	Die ersten Transporte mit ungarischen Juden kommen in Auschwitz an.
17. Mai:	Isaac Sternbusch, Judenrepräsentant in der Schweiz, wird aus Bratislava gebeten, Bombenangriffe auf die Bahnlinien zwischen Ungarn und Auschwitz vorzuschlagen. Die Bitte wird nach Washington weitergeleitet.
20. Mai:	Ein weiterer Hilferuf erreicht Isaac Sternbusch.
28. Mai:	Zweiter amerikanischer Großangriff auf deutsche Treibstoffwerke.

Juni

6. Juni:	Die Alliierten landen in der Normandie.
Mitte Juni:	Das Vrba-Wetzler-Dokument erreicht die amerikanische Gesandtschaft in der Schweiz.
18. Juni:	Jacob Rosenheim unterrichtet John McCloy über die Deportationen aus Ungarn und bittet um Angriffe auf die Bahnlinien zwischen Ungarn und Auschwitz.
21. Juni:	Der Direktor des WRB, W. Pehle, übergibt Rosenheims Bitte dem amerikanischen Kriegsministerium.
21. Juni:	Amerikanische Bomber landen nach Angriff auf Rüstungsbetriebe bei Auschwitz in der Sowjetunion.
23. Juni:	Im amerikanischen Kriegsministerium werden die

175

	Bitten um Luftangriffe auf die Bahnlinien zwischen Ungarn und Auschwitz geprüft.
	Beginn der Räumung des Ghettos von Lodz.
25. Juni:	Papst Pius XII. appelliert an Horthy, den Juden zu helfen.
26. Juni:	Das amerikanische Kriegsministerium erklärt, Luftangriffe auf Auschwitz seien »undurchführbar«.
27. Juni:	Die amerikanische Regierung fordert vom ungarischen Außenministerium Auskunft über die Deportationen.
29. Juni:	J. W. Pehle vom WRB bittet McCloy schriftlich um Angriffe auf die Bahnlinien zwischen Ungarn und Auschwitz.
Ende Juni:	Die Regierungen der Westalliierten werden über den Inhalt des Vrba-Wetzler-Dokuments unterrichtet. Es erscheinen in der Presse Meldungen über den Holocaust in Auschwitz.

Juli

1. Juli:	Moshe Shertok von der Jewish Agency nennt dem britischen Außenministerium fünf Punkte, deretwegen Auschwitz bombardiert werden müsse.
3. Juli:	Das amerikanische Kriegsministerium stellt in einem Memorandum für McCloy fest, Angriffe auf Auschwitz seien undurchführbar.
4. Juli:	McCloy gibt Pehle in diesem Sinn Bescheid.
5. Juli:	Die ungarische Regierung erfährt, daß die Jewish Agency um Luftangriffe auf Auschwitz gebeten hat.
6. Juli:	Die Jewish Agency bittet den britischen Außenminister Antony Eden um Luftangriffe auf Auschwitz.
7. Juli:	Erster amerikanischer Luftangriff auf das Rüstungswerk Blechhammer bei Auschwitz.
7. Juli:	Außenminister Eden teilt Luftmarschall Archibald Sinclair mit, er und Premierminister Churchill wünschten eine genaue Prüfung der Bitte der Jewish Agency.
8. Juli:	Die Deportationen aus Ungarn, Budapest ausgenommen, sind beendet.
9. Juli:	Amerikanische Luftangriffe auf Oderthal und Blechhammer bei Auschwitz.

11. Juli:	Ungarn mit Ausnahme der Hauptstadt ist »juden-frei«. SS-Standartenführer Veesenmayer stellt fest: 437 402 ungarische Juden sind nach Auschwitz deportiert worden.
12. Juli:	Das »Familienlager« in Auschwitz-Birkenau wird aufgelöst, 4000 Menschen werden vergast.
15. Juli:	Luftmarschall Sinclair antwortet Außenminister Eden, man möge die USA fragen, ob Angriffe auf Auschwitz möglich seien. Pehle schreibt ein Memorandum über die Versuche des WRB, Juden zu helfen.
20. Juli:	Razzia auf jüdische Kinder in Paris.
22. Juli:	Sowjetische Truppen befreien das Lager Majdanek bei Lublin.
23. Juli:	Stalin meldet Churchill die Befreiung von Lublin, erwähnt Majdanek aber nicht.
27. Juli:	Sowjetische Truppen befreien Lemberg.
28. Juli:	Sowjetische Truppen befreien Brest-Litowsk.
31. Juli:	Evakuierungstransport der jüdischen Kinder verläßt Drancy bei Paris.

August

1. August:	Das Zigeunerlager in Auschwitz-Birkenau wird aufgelöst, 4000 Häftlinge werden vergast. Der Aufstand in Warschau beginnt. Die Sowjetunion lehnt britische und amerikanische Zwischenlandungen für den Fall von Hilfsflügen nach Warschau ab.
2. August:	Stalin schreibt Roosevelt, er sei bereit, alle Polen zu unterstützen.
9. August:	Leon Kubowitzki bittet McCloy im Namen der polnischen Exilregierung um Bombenangriffe auf die Bahnlinien nach Auschwitz.
9. August:	Britische Flugzeuge werfen über Warschau Hilfsgüter ab.
12. August:	Churchill bittet Stalin um Hilfe für die Aufständischen in Warschau.
14. August:	McCloy antwortet Kubowitzki, Luftangriffe auf Auschwitz seien aus strategischen Gründen nicht möglich.
15. August:	Die Alliierten landen an der französischen Riviera.

16. August:	Stalin schreibt Churchill, der Warschauer Aufstand sei ein »furchtbares Abenteuer«.
18. August:	Adolf Eichmann läßt in Budapest drei Vertreter des Judenrates verhaften.
18. August:	Machtdemonstration der SS in Budapest.
20. August:	Churchill und Roosevelt bitten Stalin um Hilfe für die Aufständischen in Warschau.
	SS-Unterkünfte in Auschwitz-Birkenau werden bombardiert.
21. August:	Amerikanischer Luftangriff auf Blechhammer.
22. August:	Stalin schreibt Roosevelt, bei den Aufständischen in Warschau handle es sich um eine »Verbrecherbande«.
23. August:	Rumänien verläßt das Bündnis mit dem Deutschen Reich.
29. August:	Amerikanischer Luftangriff auf Industriebetriebe bei Auschwitz.

September

1. September:	Das britische Außenministerium erklärt Chaim Weizmann, Luftangriffe auf Auschwitz seien technisch sehr schwierig.
	Rabbiner A. Kalmanowitz bittet den WRB, Bombenangriffe auf Auschwitz durchzusetzen.
2. September:	Die Familie Frank wird von den Niederlanden nach Auschwitz deportiert.
13. September:	Amerikanischer Luftangriff auf die IG-Farbenwerke bei Auschwitz.
15. September:	Ende der Räumung des Ghettos von Lodz – von den 70 000 Juden werden die meisten in Auschwitz vergast.
28. September:	Das Lager Theresienstadt wird weitgehend geräumt.
Ende September:	Die polnische Exilregierung bittet den WRB um Bombenangriffe auf die Gaskammern und Krematorien in Auschwitz.

Oktober

2. Oktober:	Ende des Aufstandes in Warschau.
3. Oktober:	Pehle bittet McCloy erneut um Luftangriffe auf die Bahnlinien nach Auschwitz.

5. Oktober:	Generalmajor F. Anderson vom amerikanischen Kriegsministerium rät Luftwaffengeneral C. Spaatz, Luftangriffe auf Auschwitz nicht zu befürworten.
14. Oktober:	Beginn des sowjetischen Vormarsches auf Budapest.
15. Oktober:	Horthy bittet die Sowjetunion um Waffenstillstand.

November

2. November:	In Auschwitz werden die Vergasungen eingestellt.
Mitte November:	27 000 Juden aus Budapest sind ins Deutsche Reich verschleppt worden. Pehle versucht zum letzten Mal, Bombenangriffe auf Auschwitz zu erreichen.

Dezember

9. Dezember:	Sowjetische Truppen erreichen die Stadtgrenze von Budapest.
24. Dezember:	Adolf Eichmann verläßt Budapest.

1945

Januar

5. Januar:	Der letzte Transport in Richtung Auschwitz verläßt Berlin.
6. Januar:	Letzte Hinrichtung in Auschwitz.
17. Januar:	Räumungsbefehl für Auschwitz.
17. Januar:	Sowjetische Truppen befreien Budapest.
27. Januar:	Sowjetische Truppen befreien Auschwitz.

1949

Juni:	McCloy wird Hochkommissar der amerikanischen Besatzungszone.

1951

Ende Januar:	Die Generale Heusinger und Speidel intervenieren bei McCloy, um die Begnadigung von NS-Verbrechern zu erreichen.
Februar:	Es wird bekanntgegeben, daß McCloy 21 zum Tode verurteilte NS-Verbrecher begnadigt hat.

1952

Juli:	McCloy beendet seine Tätigkeit als amerikanischer Hochkommissar.
17. Juni:	Albert Speer notiert in sein »Spandauer Tagebuch«, McCloy habe seiner Tochter ein Visum für die USA beschafft.
24. Juli:	Speer notiert in sein »Spandauer Tagebuch«, McCloy habe die Tochter auf der »United States« mit in die USA genommen.
12. Oktober:	Speer notiert in sein »Spandauer Tagebuch«, das Ehepaar McCloy habe die Tochter zu sich in die Familie eingeladen.

1956

12. Mai:	Frau McCloy schreibt Frau Speer, ihr Mann setze sich für die Begnadigung von Albert Speer ein.

1957

21. Januar:	McCloy wird mit dem Großkreuz des Bundesverdienstkreuzes ausgezeichnet.

1961

11. April:	Beginn des Prozesses gegen Adolf Eichmann in Jerusalem.

1973

10. April:	Beginn des Strafverfahrens gegen den ehemaligen Staatssekretär im Reichsverkehrsministerium, Albert Ganzenmüller, in Düsseldorf.
3. Mai:	Unterbrechung und Auflassung des Prozesses gegen A. Ganzenmüller.

1978

Mai:	Der Historiker David Wyman veröffentlicht eine Studie »Why Auschwitz Was Never Bombed«.
November:	Der Historiker M. Williams veröffentlicht einen Aufsatz »Why Wasn't Auschwitz Bombed?«

1979

22.–26. Januar:	Die Dritten Programme der ARD senden »Holocaust«.
Februar/März:	In der deutschen Presse erscheinen Berichte über amerikanische Luftaufnahmen von Auschwitz aus dem Jahre 1944.
9. August:	Gespräch mit dem amerikanischen General a. D. I. C. Eaker in Washington.
10. August:	Gespräch mit David Wyman in Boston.
11. August:	Gespräch mit dem ehemaligen amerikanischen Bomberpiloten Charles Bachman in New York.
Sommer 1979:	Bernhard Wasserstein veröffentlicht sein Buch »Britain and the Jews of Europe 1939–1945«.
9. November:	Der Westdeutsche Rundfunk sendet »Warum Auschwitz nicht bombardiert wurde«.

Personen- und Ortsregister

Verzeichnet werden nur die wichtigsten Namen. Nicht aufgeführt sind Orte wie Auschwitz, Budapest und Warschau, die immer wiederkehren. Das Register bezieht sich nur auf den redaktionellen Teil, nicht auf die Dokumente.